Donald Richie

Versuch über die japanische Ästhetik

DONALD RICHIE

Versuch über die japanische Ästhetik

Aus dem Englischen und mit einem Nachwort von Kevin Vennemann

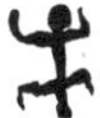

Für
J. Thomas Rimer

»Die Kunst zwingt die Erfahrung in ein Muster. Ästhetischer Genuss begreift dieses Muster.«

ALFRED NORTH WHITEHEAD
Dialogues (1954)
10. Juni 1943

INHALT

VORWORT

Wenn wir über traditionelle asiatische Ästhetik schreiben, drängen die Konventionen unseres westlichen Diskurses – Gliederung, logisches Fortschreiten der Argumentation, Symmetrie – dem Thema etwas auf, das ihm nicht eigen ist. Die Ästhetik des Ostens geht nämlich davon aus, dass jede gegliederte Struktur forciert, dass eine logische Erörterung verfälscht und dass lineare, konsekutive Argumente nur einschränken.

Der Ästhetiker Teiji Itoh hat dazu festgehalten, dass den Japanern die Definition einer Ästhetik sehr schwerfällt: »Das Dilemma, dem wir uns gegenübersehen, besteht darin, dass wir intuitiv und rezeptiv begreifen und nicht rational und logisch.«[2] Ästhetischer Genuss begreift gewisse künstlerische Muster, die jedoch nicht zu strikt sein dürfen oder allzu limitiert.

Am ehesten lässt sich die japanische Ästhetik mithilfe eines Assoziationsnetzes definieren, das sich zusammenfügt aus intuitiv verknüpften Auflistungen oder Notizen; das einen Hintergrund erschafft, vor dem das Thema überhaupt erst sichtbar wird. Daher der japanische Gebrauch von Gegenüberstellungen, Montagen und Bricolagen.

Jegliche Erörterung des Ästhetischen, ob im Osten oder im Westen, muss sich durch ein sensibles Verständnis auszeichnen, durch Achtsamkeit, Bewusstheit und Feingefühl. Es muss lebendig sein, und häufig wird es sich bestimmten Interpretationen gegenüber abgeneigt zeigen. Wenn es sich überhaupt irgendwie abstecken lässt, dann erweisen sich dazu Finten und Umwege als probate Mittel.

Wir sollten deshalb nicht nach logischen Schlussfolgerungen streben. Vielmehr sollten wir verschiedene Vorstellungen vom ästhetischen Genuss und dessen Variationen in einem Stil beschreiben, der diese deskriptive Unentschlossenheit ansatzweise vermitteln kann.

Viele japanische Autoren schätzen das Zögerliche als strukturelle Eigenschaft ihrer Arbeit. Und alles, das zu logisch, zu symmetrisch ist, wird erfolgreich vermieden, wenn Schriftsteller die Annahmen hinter den Fragen ignorieren, die ihnen gestellt werden. Es ist deshalb nicht die Prämisse des kontrollierenden Schriftstellergeists, der sie folgen, sondern, wie die Japaner es formulieren, der Pinsel selbst.

Zuihitsu, das japanische Wort, das wir mit »Essay« übersetzen können, impliziert ebendies – dem Pinsel folgen, ihm zu führen erlauben. Die

Struktur besteht in der Mannigfaltigkeit der Pinselstriche, aus der eine ästhetische Qualität entsteht, die in ihnen angelegt ist und die wir aus ihnen erschließen.

In dem vorliegenden Buch habe ich mich dieser Vernachlässigung allen logischen Vorgehens und der Verweigerung aller linearen Strukturen anzunähern versucht. Sowohl im Text selbst als auch bei dessen Arrangement auf der Seite habe ich mich bemüht, eine gewisse Idee von der Entwicklung eines *zuihitsu* zu vermitteln.

DONALD RICHIE
Tokio, 2007

DER VERSUCH

Die Ästhetik ist derjenige Zweig der Philosophie, der die Schönheit und das Schöne definiert, und der beschreibt, wie sich beides würdigen, ermitteln und beurteilen lässt.

Im Westen wurde der Begriff erstmals im Jahr 1750 benutzt, und zwar mit dem Ziel, eine Wissenschaft der sinnlichen Erkenntnis zu beschreiben. Gegenstand dieser Wissenschaft war die Schönheit – während bei der Logik die Wahrheit im Mittelpunkt stand. Auf Dichotomien gründend (Schönheit/Wahrheit, Ästhetik/Logik) wurde diese Definition zu einer vielschichtigen Begrifflichkeit ausgearbeitet, die davon ausgeht, dass Gegensätze und Abweichungen zu einem ästhetischen Ergebnis führen. Derlei Mutmaßungen und Schlussfolgerungen waren typisch für das europäische 18. Jahrhundert, obwohl sie auch heute noch durchaus gebräuchlich sind.

Es gelten jedoch unterschiedliche Kriterien zu unterschiedlichen Zeiten und in unterschiedlichen Kulturen. In Asien greift man beispielsweise nicht auf allgemeine Dichotomien zurück, um Gedanken an Ausdruck zu verleihen. Japan misst solchen Gliederungen wie Körper/Geist und Selbst/Gruppe weitaus weniger Bedeutung bei, was oftmals ausgeprägte Folgen hat. Hier lässt sich feststellen, dass es der von uns so benannten japanischen Ästhetik (im Gegensatz zur westlichen Ästhetik) mehr um den Prozess geht als um das Produkt, um die unmittelbare Erschaffung eines Selbst statt um den Selbstausdruck.

Das westliche Verständnis findet Schönheit in Dingen, die wir nicht aufgrund ihres Nutzens bewundern, sondern schlicht um ihrer selbst willen – der Philosoph Immanuel Kant (1724–1804) hat dies als »Zweckmäßigkeit ohne Zweck«[3] bezeichnet. Dem traditionellen Japan geht es um etwas anderes. Es steht voraufklärerischen europäischen Definitionen näher wie beispielsweise Chaucers »Beautee, apertenant to grace«[4], in der die Anmut der Tauglichkeit den intellektuellen und moralischen Genuss anregt und in Form des guten Geschmacks die Vorstellung von der gesellschaftlichen Akzeptanz entstehen lässt.

Im frühen 17. Jahrhundert definierte der französische Moralist Jean de la Bruyère diese Eigenschaft folgendermaßen: »Entre le bon sens et le bon goût il y a la différence de la cause et son effet.«[5] – »Zwischen dem gesunden Verstand und dem guten Geschmack besteht derselbe Unterschied wie zwischen Ursache und Wirkung« – eine Feststellung, der Chaucer wohl genauso zugestimmt hätte wie

. . .

»Unaufhörlich strömt der Fluss dahin, gleichwohl
ist sein Wasser nie dasselbe.
Schaumblasen tanzen an seichten Stellen,
vergehen und bilden sich wieder – von großer
Dauer sind sie allemal nicht.
Gleichermaßen verhält es sich mit den Menschen
und ihren Behausungen.
[...]
Ein Haus mag im vergangenen Jahr niedergebrannt
sein und schon in diesem neu erbaut werden. [...]
Den Bewohnern ergeht es kaum anders. [...]
Am Morgen gestorben, am Abend geboren,
das ist das Geschick des Menschen – gleich den
Schaumblasen auf dem Wasser.
Und dieser Mensch, der geboren wird und stirbt,
wer weiß schon, woher er kommt, wohin geht er?
[...]
Dabei scheint es, als ob Herr und Haus darüber
stritten, wer von beiden denn wohl zuerst
vergehe – sie sind wahrlich keinen Deut verschie-
den vom morgendlichen Tau auf den Blüten
der Ackerwinde.«[6]

KAMO NO CHŌMEI (1153–1216)

. . .

die ästhetisch traditionellen Japaner. In ästhetischer Hinsicht meint »Geschmack« noch heute nichts anderes als das Bestimmen eines angemessenen Wertes, und das sollte eigentlich ausreichen – nur dass wir uns nicht ganz einig sind, was einen guten Sinn ausmacht.

Manche Länder sagen das Eine, andere widersprechen. Die Japaner beteuern traditionellerweise, dass es einen Maßstab gebe, damit man sich an ihn halte. Es ist alles schon da, nützlich und alltäglich: die Dinge, wie sie sind, oder die Natur an sich. Das ergibt auch durchaus Sinn, im Grunde tatsächlich den einzigen Sinn – die Natur sollte unser Modell sein, wir sollten sie würdigen und von ihr lernen. »Wahrheit ist Schönheit; Schönheit, Wahrheit«. – Als Keats mit dieser berüchtigten Behauptung das ästhetische Muster des Westens durcheinanderbrachte, kam er sowohl der asiatischen Auffassung äußerst nahe, dass diese beiden Begriffe identisch seien, als auch der Vorstellung, dass Dichotomien als Werkzeuge viel zu stumpf sind, um die Gesamtheit aller Betrachtungen darstellen zu können.

In der Tat ist Bruyères *Aperçu* so außerordentlich gescheit, dass man eigentlich vermuten könnte, es lasse sich auf schlicht alles anwenden. Das ist zwar nicht der Fall, doch auf Japan trifft es durchaus zu. Der Ästhetiker Makoto Ueda hat es so formuliert: »In der vormodernen japanischen Ästhetik war die Entfernung zwischen Kunst und Natur entschieden geringer als in ihren westlichen Entsprechungen.«[7] Und der Romancier Jun'ichirō Tanizaki schrieb in seinem bedeutenden ästhetischen Text *Lob des Schattens*: »Das, was man als schön bezeichnet, entsteht in der Regel aus der Praxis des täglichen Lebens heraus.«[8]

Aus allen Eigenschaften, die sich aus den Grundannahmen der traditionellen japanischen Ästhetik ableiten lassen, hat Donald Keene die Andeutung, die Unregelmäßigkeit, die Einfachheit sowie die Vergänglichkeit besonders hervorgehoben. Diese vier scheinen in der Tat die wesentlichen Zutaten des traditionellen japanischen Geschmacks zu sein, doch zugleich hält Keene fest, dass »die Übertreibung, die Einheitlichkeit, der Überfluss und die Dauerhaftigkeit alles andere als abwesend sind.«[9]

In mancher Hinsicht ist die westliche Ästhetik mit der Einfachheit, Asymmetrie und Andeutung durchaus vertraut. Die Vorstellung jedoch, dass sich wahre Schönheit in dem Verschwinden ihrer selbst entdecken lässt, ist eine viel weniger weit verbreitete Vorstellung. Die Vergänglichkeit bleibt jedoch das, was Keene als »das unverkennbarste ästhetische Ideal Japans«[10] bezeichnet hat. Ganz sicher ist es eines der ältesten, da die Vergänglichkeit auf der buddhistischen Vorstellung *mujō* gründet – auf einem Begriff, der üblicherweise mit »Unbeständigkeit« übersetzt wird: Nichts ist dauerhaft, und uns bleibt allein noch die Möglichkeit, dies zu akzeptieren, sogar zu zelebrieren.

Andernorts – in Europa, zuweilen gar in China – existierte die Natur als Richtlinie, wobei sich ihre Rolle jedoch auf Mimesis beschränkte, auf die realistische Nachahmung. Traditionell war dies in Japan nicht genug. Es war, als gäbe es eine Übereinkunft, dass die Natur der Natur durch literarische Beschreibungen nicht dargestellt werden könne. Allenfalls lasse sie sich andeuten, und je subtiler die Andeutung (man denke an das *haiku*), desto stilvoller das Kunstwerk.

Hier imitierte das japanische Kunsthandwerk (die vormodernen Japaner selbst unterschieden nicht zwischen Kunst und Handwerk) die Mittel und Wege der Natur und nicht ihre Resultate. Eines dieser Mittel war die Einfachheit. In der Natur existiert nichts bloß zur Zierde: Jeder Ast, jeder

Zweig, jedes Blatt zählt. Eine Struktur herauszuarbeiten, eine Textur zu betonen, es sogar zu wagen, einen geradezu prahlerischen Mangel an Kunstfertigkeit zur Schau zu stellen – all dies hatten die Japaner gelernt. In der Folge wurde diese Einfachheit mittels einer Vielzahl ästhetischer Kategorien wie beispielsweise *wabi* und *sabi* umrissen, jenen siamesischen Zwillingen der japanischen Ästhetik, denen wir uns noch zuwenden werden. Von da an galt diese Einfachheit als schön, als Grundbedingung des Geschmacks.

Im Westen wird das Wort »ästhetisch« auf vielfältige Weise verwendet. Am häufigsten wird dabei das Schöne vom lediglich Erfreuenden oder vom lediglich Moralischen unterschieden und (insbesondere) vom lediglich Nützlichen. Indem es ein sinnliches Wissen voraussetzt, dessen Ziel die Schönheit ist (im Gegensatz zur Logik, die sich immerzu auf der Suche nach Wahrheit befindet), entfaltet sich das Ästhetische zu einer Doktrin, die darauf insistiert, dass sämtliche Prinzipien der Schönheit – ganz unabhängig davon, welche nun gelten – grundlegend sind, weil nämlich alle anderen Prinzipien (das Gute, das Richtige) von ihnen abgeleitet werden.

Diese Grundannahme wird deshalb für wahr gehalten, weil sie davon ausgeht, dass wirkliches Wissen aus der unmittelbaren Darstellung der Realität entsteht und nicht aus dem analytischen Denken selbst – das Wort »ästhetisch« stammt von dem griechischen *aisthesis* ab, das Wahrnehmung/Empfindung bedeutet. Aus Annahmen wie dieser entwickelte sich jener Zweig der Philosophie, den wir als Ästhetik bezeichnen und der sich mit dem Schönen auseinandersetzt, mit den Theorien und dem Wesen der Schönheit, mit den Emotionen, die das Schöne erweckt, und mit der gesellschaftlichen Übereinkunft, die sich im »Geschmack« manifestiert.

Donald Keene zitiert sowohl die Beobachtung des Dichter-Priesters Ton'a (1289–1372), dass »erst nachdem ihre Seidenhülle oben und unten zerfranst ist, [...] die Schriftrolle schön«[11] aussieht, als auch ein viel gepriesenes Diktum des frühen Essayisten Yoshida Kenkō (1283–1340) zur Vergänglichkeit: »Würde man nicht hinschwinden [...], sondern ewig leben – wie könnte man da die zaubervolle Melancholie erfassen, die in allen Dingen webt? Gerade ihre Unbeständigkeit macht die Welt so schön.«[12]

Diese Sätze lassen sich mit einem der wenigen

westlichen Verweise unserer Zeit auf die Bedeutung der Vergänglichkeit vergleichen, nämlich mit jenem Vladimir Nabokovs: »Schönheit und Mitempfinden – näher können wir einer Definition dessen, was Kunst ist, nicht kommen. Wo Schönheit ist, gibt es auch Mitempfinden, einfach deshalb, weil Schönheit sterben muß: Schönheit stirbt stets«[13].

Die Russen ziehen in diesem Zusammenhang den Kummer vor und das Leiden, während die traditionellen Japaner die Affirmation wählen. Deshalb die Verehrung, die sie einer alten, gesprungenen Schale zukommen lassen; deshalb ihr Enthusiasmus für die kurzlebige Blüte; deshalb die häufig zitierte Parallele zu dem ehrbaren Samurai, der auf dem Höhepunkt seiner Stärke und Schönheit stirbt.

Im Osten jedoch gab es kein Wort, das mit »Ästhetik« korrespondierte. Japan prägte sein mutmaßliches Äquivalent *(bigaku)* zur Ästhetik erst im Jahr 1883, und zwar schlicht deshalb, weil es eines Begriffes bedurfte, mit dem man sich auf das beziehen konnte, was Ausländer *Ästhetik* nannten – jener Begriff des deutschen Philosophen Hegel für die »Wissenschaft von den schönen Künsten«.

Sobald das Wort einmal vorhanden war, konnte die Universität von Tokio einen Studiengang zur

Ästhetik einrichten (1886). Dessen Seminare waren natürlich westlichen (und insbesondere deutschen) Vorstellungen gewidmet, und nur wenig Aufmerksamkeit kam der heimischen Tradition zu, obwohl es in Japan bereits eine beträchtliche Zahl traditioneller Schriften über das Wesen der Kunst gab.

Ein Grund dafür lag unter anderem darin, dass schlicht keine Rubrik existierte, unter der diese »vormodernen« ästhetischen Gedanken hätten versammelt werden können. Wenn es für einen Gegenstand keinen Begriff gibt, dann kann man wohl annehmen, dass er von nur geringer Bedeutung ist. Ebenso jedoch könnte man annehmen, dass der Gegenstand von einer solchen Bedeutung ist, dass man ihn für selbstverständlich hält und sämtliche Annehmlichkeiten deshalb unnötig sind, beispielsweise die Wörter, mit denen über den Gegenstand gesprochen wird.

(Dies war damals so, nicht jedoch heute. Ausländer, die sich heutzutage auf die Suche nach einem traditionellen ästhetischen Klima in Japan begeben, werden enttäuscht. Obwohl es Versuche gibt, die Kluft zu überbrücken – Pokémon sei doch eigentlich genau das Gleiche wie Hokusai etc. –, ist die Tradition enorm erodiert. Andererseits besitzt die traditionelle Kultur Japans eine jahrhundertealte Tiefe, und die Muster der Vergangenheit lassen sich dort auch heute noch vorfinden. Sie treten auf in Form einer Vielzahl kultureller Fossilisationen (die moderne Teezeremonie, Kabuki und so weiter) und ebenso in Form einiger Gebilde, derer wir uns nicht allzu häufig bewusst sind: die Struktur der Sprache, die Natur der Religion im Land.)

Der traditionellen japanischen Ästhetik fehlt es noch immer an einer Definition. Es gab und es gibt zwar vielerlei Begrifflichkeiten in der japanischen Sprache (*wabi*, *sabi*, *aware* und andere, von denen wir die meisten auf den hier folgenden Seiten noch kennenlernen werden), die jedoch allesamt nur Eigenschaften und Bestandteile eines zwar angenommenen, aber namenlosen Ganzen bezeichnen. Tatsächlich waren einzelne Elemente von ästhetischer Tragweite sowie bestimmte Fragen des Geschmacks einst so weit verbreitet im traditionellen japanischen Leben, dass eine zentrale Grundannahme zu treffen vollkommen unnötig erscheinen musste.

Michael Dunn unterscheidet fünf »Geschmacksrichtungen«, die die japanische Ästhetik prägen.

Dabei handelt es sich um *kodai*, was »antik« bedeutet; *soboku*, was man mit »unschuldige Einfachheit« übersetzt hat; *wabi* und *iki* (die beide noch an anderer Stelle in diesem Text definiert werden) und *karei*, »herrliche Pracht«, d. h. der Geschmack der *daimyō*, der einheimischen Feudalherren.

Eine Parallele zu dieser Verdünnung japanischer ästhetischer Begriffe lässt sich in ursprünglicheren Geschmacksformen ausmachen, zu denen auch die menschliche Zunge gehört.

Außer denen, die wir im Westen anführen (sauer, süß usw.), unterscheiden die Japaner noch zwischen einer ganzen Reihe weiterer Geschmacksrichtungen, von denen sie glauben, dass sie ausschließlich für sie selbst wahrnehmbar sind. Dazu gehören *awai* (zart), *umami* (wohlschmeckend) und *shibui* (herb). Es gibt auch Beispiele für das, was der Westen als Neologismen bezeichnen würde. *Nigai* wird für »bitter« und *egui* für »scharf« verwendet.

Jun'ichirō Tanizakis Bemerkung, dass die Schönheit aus den Gegebenheiten des Alltagslebens hervorgeht, zwingt uns zu der Frage, was diese Gegebenheiten denn ausmacht. Wie Makoto Ueda formuliert hat, zeichnete sich das traditionelle ästhetische Denken in Japan entscheidend durch die Tendenz aus, die symbolische Repräsentation der realistischen Schilderung vorzuziehen. Der traditionellen japanischen Ästhetik ging es nie um Mimesis im Sinne einer Imitation äußerer Erscheinungen. Vielmehr suchte und fand man Eigenschaften, die sich unter dieser nach außen sichtbaren Oberfläche befanden – unter der Glasur einer Teetasse beispielsweise die Eigenschaften *wabi* oder *sabi*; im Ärmel eines Kimonos wurden *fūryū* oder *iki* entdeckt.

Derjenige ästhetische Geschmack, mit dem wir uns hier beschäftigen, wäre gar nicht erst entstanden ohne ein Publikum, das die Mittel und auch die nötige Zeit besaß, um ihn zu entwickeln und sich an ihm zu erfreuen. Der Sozialwissenschaftler Thorstein Veblen (1857–1929) bezeichnete diese Gruppe als die »müßige Klasse« und verfocht die Position, dass diese Klasse sich erst auf den höheren Stufen solch »barbarischer Kulturen« wie des »feudalistischen Japans« voll entwickelt habe.

»Die sozialen Klassen«, so fährt er fort, »sind hier streng geschieden, und die größte wirtschaftliche Bedeutung kommt wohl dem Umstand zu, daß die verschiedenen Tätigkeiten verschiedenen Klassen zugeordnet sind.«[14]

Daraus entstand eine müßige Klasse, zu der all diejenigen gehören, die mächtig genug sind, um auf Kosten anderer zu leben, und stark genug, um die Annehmlichkeiten des damit einhergehenden Luxus' einzufordern. Veblen führt aus: »Der Konsum von Luxusgütern stellt aber im eigentlichen Sinne einen Konsum dar, der dem eigenen persönlichen Komfort dient und deshalb als Merkmal des Herrn gilt.«[15]

Offenkundige Kennerschaft – die Fähigkeit also, zwischen dem zu unterscheiden, was jeweils edel und unedel an einem Gegenstand ist – wird somit für den Herrn, für den wohlhabenden Besitzenden zu einer Möglichkeit, nach einem gewissen Ansehen zu streben und dieses Ansehen auch zu erlangen.

Wie Veblen ausführt, gehört zu den weiteren Findigkeiten der müßigen Macht auch die Fähigkeit, den Anschein wirklicher Nützlichkeit oder tatsächlichen gesellschaftlichen Nutzens zu vermeiden sowie all dem auszuweichen, was lediglich nützlich ist im Gegensatz zu dem, was grundsätzlich ehrenhaft ist. Die Tatsache, dass sich auch dies als verschwenderisch auslegen lässt, ist natürlich ein Merkmal der müßigen Klasse insgesamt.

Der Geschmack kennzeichnet eine ästhetisch legitime Herrschaft. Daher seine Regeln und Regulierungen, seine Verkomplizierungen und zahllosen Dikta, die unbedingt eingehalten werden müssen. Geschmackskanons verweisen auf die Billigung oder Missbilligung all dessen, über das ein positives oder negatives Geschmacksurteil getroffen wird.

In Japan gilt, wie auch überall sonst, dass der Geschmackskanon an sich umso legitimer wird, je länger er als Standard maßgeblich ist. Rangordnungen bestehen nach wie vor als mächtige Werkzeuge der Herrschaftssicherung.

Die Kunst war deshalb etwas, das der Künstler ganz subjektiv erfuhr, und nicht etwas, dem man sich objektiv näherte. Ähnlich entstand die Würdigung der Kunst aus den intimsten Tiefen des Künstlers (oder seines Auftraggebers) und nicht etwa aus distanzierten Studien.

Der Realismus im westlichen Wortsinne spielte in den Wirklichkeiten des Lebens, wie es vom traditionellen japanischen Künstler erfahren wurde, nur eine untergeordnete Rolle. Die Erwartungen der kultivierten Sensibilitäten des Künstlers verlangten nicht nach Mimesis. Vielmehr nahmen der Verweis, die Andeutung, die Einfachheit den Platz einer jeden Treue zur äußeren Erscheinung ein. Sowohl das Ziel als auch das Resultat war eine gesellschaftlich akzeptierte Eigenschaft, für die sowohl das Englische als auch das Deutsche nur einen Begriff hat: Eleganz.

Eleganz – das Gespür für eine gewisse Vornehmheit, für die Schönheit in der Bewegung, in der Erscheinung oder im Auftreten; eine geschmackvolle Opulenz in Form, Dekoration oder Präsentation; Zurückhaltung und Anmut des Stils. Solche Konnotationen der Eleganz haften den meisten Komponenten der japanischen Ästhetik an.

Dieses Verständnis von der Eleganz wirkte zudem einer jeden Kultivierung des Realismus entgegen. Es gibt in der traditionellen japanischen Ästhetik keine Anzeichen für die Fähigkeit der Kunst, hässlichen oder anderweitig uneleganten Materialien Schönheit abzugewinnen. Alltagsereignisse im Leben ganz einfacher Menschen werden nur sehr selten evoziert. Sehr viel häufiger werden stattdessen die Variationen der Eleganz betont, die dem Adel, den Wohlhabenden vertraut sind.

Zu den wirklichen Gegebenheiten, die in der japanischen Ästhetik und ihren Schöpfungen reflektiert werden, gehören nicht der Bauernhof oder die Bauern selbst (außer für Spezialeffekte – dazu später noch mehr). Die Natur jedoch durchaus. Diese in der Wirklichkeit geschaffene Natur wurde zum Hauptthema sowohl der Kunst als auch der Ästhetik Japans – obwohl von ihr vielleicht besser als »Natur« gesprochen werden sollte, da nämlich die japanische Variante der Natur vollkommen aufbereitet und verkürzt und eben jenen Regeln unterworfen ist, die letztlich sowohl die Ästhetik Japans als auch einen Großteil seiner Kunst bestimmen sollten.

Soll die Eleganz zu einer Bedingung für die Güte auserkoren werden, dann muss es eine grundsätzliche Übereinkunft darüber geben, was diese Eleganz eigentlich ausmacht. Eine solche Übereinkunft kann nur durch Stellungnahmen erzielt werden. Die Eigenschaften, aus denen sich die verschiedenen Definitionen des Eleganten zusammensetzen, sind allesamt gesellschaftlich entstanden.

Wenn sich also die Ästhetik im Westen vor allem mit Theorien der Kunst auseinandersetzt, so setzt sich die Ästhetik Japans seit jeher mit Theorien des Geschmacks auseinander. Was schön ist, hängt weder von der Vorstellungskraft ab (wie Addison dachte) noch von den Eigenschaften des Objekts (wie Hume sagte) oder dessen Paradoxa (wie Kant behauptete) – sondern von denen des sozialen Konsenses.

Dem Westen ist natürlich der Gedanke nicht fremd, dass der Geschmack die Ästhetik vermittelt. Der japanische Standard der Eleganz als vereinbarter und wesentlicher Bestandteil der Schönheit lässt sich mit dem der französischen Kunst in jenen Jahren vergleichen, in denen die Malerei, Bildhauerei und Architektur entstand, die wir heute als Rokoko bezeichnen.

In Versailles war eine gewisse »soziale« Eleganz das entscheidende ästhetische Kriterium. Dazu gehörte an den Höfen Ludwigs XIV. und Ludwigs XV. nicht nur Üppigkeit, Zurschaustellung und Luxus, sondern auch eine Einfachheit, die diese Eigenschaften wiederum kontrastierend prägte: die von Saint-Simon so sehr verehrte Arglosigkeit des Auftretens, das Streben nach Ländlichkeit der verschiedenen *fêtes champêtres*, Marie-Antoinettes Idealdorf *Hameau de la Reine* mit seinen echten Kühen, seinem echten Heu und den Höflingen, die als Milchmädchen und Bauernbursche auftraten. Diese ganze »Einfachheit« diente dazu, den allgemeinen Exzess der Rokoko-Kunst zu unterstreichen.

Katsura Rikyū ist eine im 17. Jahrhundert errichtete kaiserliche Villa, die ältere ländliche Architekturstile nachahmte (dabei jedoch nur die edelsten Materialien verwendete) und die Eleganz

. . .

Eine westliche Begründung des Geschmacks stammt von dem Philosophen David Hume (1711–1776), der die Meinung vertrat, dass die Autorität zur Bestimmung des Schönen erst durch Erfahrung und Bildung erlangt werden kann. Männer mit Geschmack befanden sich in einer Position, die es ihnen gestattete, Wert und Schönheit zu beurteilen. Sie konnten allgemeingültige Standards festlegen.
Humes These inspirierte ihr unmittelbares Gegenteil in Kants Ansicht, dass Wert und Schönheit im Werk selbst ruhten und eben nicht in dessen Beurteilung.
Die japanische Definition von Wert und Schönheit liegt sehr viel näher an Humes als an derjenigen Kants. Obwohl die der Schönheit eigenen Elemente vermutlich allgemeingültig sind, nimmt man nach wie vor an, dass alle wirklich herausragende Kunst erst durch die Rezeption der Schönheit (also durch den allgemeingültigen Standard) entsteht.

. . .

des Hauptgebäudes mit seinen opulent rustikalen Nebengebäuden kontrastierte. Eine weitere Parallele wäre das prunkvolle goldene Teehaus des feudalistischen Kriegsherrn Toyotomi Hideyoshi (1536–1598) mit seinen zahlreichen prächtigen Paraphernalien im Stil der Momoyama-Zeit, die den wahren Geschmack der *daimyō* beweisen. Dieses Teehaus steht im Kontrast zu dem ästhetischen Ideal von Hideyoshis Teemeister, Sen no Rikyū (1522–1591), der wiederum einige der subtilen und dezenten ästhetischen Standards festlegte, die wir heute mit der traditionellen japanischen Kunst assoziieren.

Zumeist wird Sen no Rikyū, dem Teemeister und Vermittler der Eleganz, die Weiterentwicklung der japanischen Ästhetik der Einfachheit zugeschrieben.

Es war Rikyū, der die Größe des *chashitsu*, des Teehauses, reduzierte; der die groben schwarzen Teeschalen einführte, die als *raku*-Keramik bekannt sind; der als erster Blumenvasen aus Bambus gestaltete; und der seine Jünger daran erinnerte, dass »die Teezeremonie nichts weiter ist als kochendes Wasser und Tee, der zieht und dann getrunken wird.«[18]

Die »Teezeremonie« *(chanoyu)* wurde zu einer Art Mittelpunkt sämtlicher Auseinandersetzungen

. . .

In seiner Abhandlung über die gesellschaftlichen Verhaltensformen des 19. Jahrhunderts in Europa und Amerika wirft Veblen einen Blick auf diese Kultivierung des Ländlichen, mittels derer sich als Kontrast ein gewisser Wohlstand darstellen lässt. In einem Abschnitt über Pflanzen und Haustiere beschreibt er einen kostspielig instand gehaltenen Rasen von demonstrativ verschwenderischen Ausmaßen, der hier und dort zwar tatsächlich eine Kuh beherbergt, die dann jedoch von offenkundig teurer Rasse ist. Jedoch »bildet der gemeine Verdacht des wirtschaftlichen Nutzens, der sich nur mit Mühe von der Vorstellung einer Kuh trennen läßt, einen schwerwiegenden Einwand gegen die Verwendung dieses Tieres als schmückendes Ornament«[16]. Folglich, »[w]o die Vorliebe für friedlich weidende Tiere, die das einstige Idyll heraufbeschwören, zu stark ist, um unterdrückt zu werden, tritt die Kuh ihren Platz oft an einen mehr oder weniger unangemessenen Ersatz ab, wie etwa an Wild, Antilopen oder sonstige exotische Wesen. Obgleich dieser Ersatz dem bäuerlichen Auge des westlichen Menschen weniger schön erscheint als die Kuh, so wird er doch im allgemeinen seiner größeren Kostspieligkeit und Nutzlosigkeit sowie auch des Prestiges wegen vorgezogen«[17].

Was Veblen hier beschreibt, lässt sich ebenso gut auf das müßige Japan des 17. Jahrhunderts übertragen, das ganz ähnlich nach einer komplexen Einfachheit strebt – wie in unserem Beispiel der Kaiservilla *Katsura Rikyū.*

. . .

mit der japanischen Ästhetik. Wie Rikyū andeutete, mag es sich bei ihr lediglich um das Trinken von Tee handeln, das sich äußerst komplex gestaltet. Die vermeintliche Einfachheit der Teezeremonie wird in ihrer Durchführung durch diverse Bräuche, Regeln und Regulierungen verkompliziert, und eben diese Bürokratie der *chanoyu* definierte viele Aspekte der japanischen Ästhetik.

Rikyūs »Rückkehr« zur Einfachheit war überdies dem Verlangen nach Prunk und Prahlerei entgegengesetzt, dem kulturellen Imperativ seines Herrn, des kriegerischen Hegemonen Toyotomi Hideyoshi.

Dennoch musste Rikyū – ob nun gewillt oder nicht – Hideyoshis Teezeremonie für den Kaiser Ōgimachin (samt goldenem Teehaus) genauso durchführen wie im Jahr 1587 Hideyoshis berüchtigte *chanoyu*-Orgie (für Tausende Gäste) im Kitano-Schrein.

Während des daraus resultierenden Konflikts grundsätzlicher Überzeugungen wurde Rikyū letztlich zum Selbstmord gezwungen. Eine der zahlreichen unbewiesenen Anschuldigungen lautete, er habe mit der Einfachheit Geld verdient und exorbitante Preise für seine Tee-Utensilien verlangt. Diese Äußerungen gingen wohl nicht auf die Gesetzwidrigkeit seines Verhaltens zurück, sondern von der Geschmacklosigkeit, durch eine Tätigkeit Gewinne zu erlangen, die frei sein sollte von derlei Bestrebungen.

Es gibt noch eine Parallele zwischen dieser andächtigen Nachahmung von Natürlichkeit und der japanischen Rangordnung ästhetischer Geschmacksrichtungen. Ebenso wenig wie in Versailles wird von uns nicht etwa verlangt, ein echtes Milchmädchen zu betrachten, das Gedichte verfasst oder Bilder malt, in denen es das natürliche Dasein lobpreist. Stattdessen werden wir dazu aufgefordert, unsere Aufmerksamkeit der natürlichen Eleganz dieser nüchternen Wertschätzung der Natur zu widmen und den guten Geschmack des Milchmädchens zu bewundern.

Die Eleganz der Einfachheit – Schönheit, die sich in der Textur und der Maserung von Holz und Steinen entdecken lässt und im sichtbaren architektonischen Aufbau genauso wie in dem präzisen Strich des in die Tusche getauchten Pinsels, in dem perfekten Judo-Wurf und in der akkuraten Platzierung einer einzelnen Blume. Die Schönheit ist sowohl Ausdruck als auch Ergebnis eines Bewusstseins, das von einem sich hochgradig selbstreflektierenden Respekt für die Natur herrührt sowie von einer mit diesem Respekt einhergehenden Disziplin, die wiederum ein Grund dafür ist, dass die Künste in Japan nur selten beiläufig sind.

Ein derart subjektiver Begriff wie »Geschmack« muss jedoch kodifiziert werden (das gilt sogar für eine so großzügige Formel wie »gesunder Verstand bedeutet guten Geschmack«). Obwohl Japan sich deutlich mehr für die Synthese interessiert (und darin auch besser ist) als für die Analyse, bedurfte es doch einer Katalogisierung, um den eigenen ästhetischen Impuls zu begreifen (und zu erklären). Aus diesem Grund wurde der japanische gute Geschmack schon früh in eine Vielzahl von Geschmacksrichtungen aufgeteilt.

Betrachten wir zunächst eine dieser Geschmacksrichtungen. Nämlich jene höfische Vorliebe für Anmut und Feinheit, die wir als Eleganz bezeichnen müssen. In Japan handelt es sich bei diesem Geschmack um eine immer wiederkehrende Pflanze, deren anmutigen Blüten man jeweils verschiedene Namen gegeben hat. Wir werden mit *fūryū* beginnen.

Obwohl man dem Begriff *fūryū* heute vor allem in den Werbetexten von Modemagazinen begegnet, wo er so etwas wie »stilvoll« bedeutet, besitzt er

. . .

Einfachheit war etwas, das Rikyū seinen Schüler Hideyoshi zu lehren versuchte, an dessen »Hof« er als Vermittler wirkte. Die berühmte Anekdote illustriert seine Methode.

Rikyūs Garten voller wunderbarer Winden war für seine Schönheit bekannt. Als Hideyoshi von diesem Garten erfuhr, verlangte er, zu einem Besuch eingeladen zu werden. Das wurde er dann auch, doch als er eintraf, gab es die Winden nicht mehr; sie waren allesamt gesenst worden. Verstört zog sich Hideyoshi in das nächste Teehaus zurück, und dort bestand das bescheidene Blumenarrangement im Alkoven aus einer einzigen Windenblüte, der einzigen Überlebenden, prächtig in ihrer gebündelten Einfachheit. Es heißt, der Kriegsherr habe sie lange angestarrt, dann genickt und gesagt, er habe die Lektion verstanden.[19]

. . .

eine lange und reichhaltige ästhetische Geschichte. Der ursprüngliche chinesische Begriff *fēngliú* bedeutete »gute Manieren«, und als er zu Beginn der Heian-Zeit (794–1185) Japan erreichte, bewahrte er seine Bedeutung gesellschaftlicher Rechtschaffenheit. Diese wurde später durch die ästhetische Komponente ergänzt – vornehme Umgangsformen als Ausdruck von gutem Geschmack und Eleganz.[20]

Zugleich jedoch entwickelte sich der Begriff semantisch weiter und nahm verschiedenste Eigenschaften an. Der Ashikaga-Shōgun Yoshimasa, der von 1449 bis 1473 herrschte, trug zur Definition einiger dieser Begriffe bei. Sein Beispiel ermöglicht uns eine Vorstellung der verschiedenen Bedeutungen dieses Wortes.

Yoshimasa lebte ein intensives und aktives politisches Leben, und er hatte genug davon. Das 15. Jahrhundert war ein einziger Bürgerkrieg. Und dennoch, wenn der Shōgun schon keinen Frieden herbeiführen konnte, so wollte er dennoch die friedfertigen Eigenschaften des Zurückhaltenden, des Dezenten, des Meditativen kultivieren, die allesamt schon bald darauf zu Elementen des *fūryū* wurden, zu den Eigenschaften einer Kultiviertheit, die auf die elegante und längst untergegangene Heian-Zeit zurückgeht.

Nicht nur liegen die Begriffe der japanischen Ästhetik wie Schichten übereinander, die eine über der anderen, sondern sie verbinden sich auch untereinander. *Wabi* und *sabi* vermischen sich auf promiske Weise und stehen zudem in Beziehungen zu *yūgen* auf der einen Seite des Extrems und zu *fūryū* auf der anderen. Diese Intimität ästhetischer Attribute entwickelte sich zu einem ehrgeizigen Bestreben. In *Die Geschichte vom Prinzen Genji* (ca. spätes 9., frühes 10. Jahrhundert) ist allen Figuren sehr an der Verfeinerung gelegen, an der Schönheit und Eleganz. Es gab einen Begriff für diese erhoffte Vermischung – *miyabi*, das die stärkste Würdigung der schönen Dinge bezeichnet.

Inmitten dieser Unmenge ästhetischer Begriffe wollen wir uns an einer Definition versuchen, indem wir die Eigenschaften des *fūryū* in Begriffe übersetzen, die auch der Westler unserer Zeit zu würdigen weiß. Dabei wollen wir neben der implizierten Einfachheit, der Kultiviertheit und dem Scharfsinn sowohl die unterstellte natürliche als auch minimalistische Natur im Hinterkopf behalten.

Man ersetze den Gegenstand der Betrachtung durch den schlichten schwarzen Chanel-Anzug, voller *fūryū*; oder die über Generationen hinweg verfeinerte, jedoch aus ganz gewöhnlicher Erde gefertigte afrikanische Töpferkunst; oder die Musik von Erik Satie, die aus gewöhnlichen, aber raffiniert angeordneten Harmonien besteht und aus zumeist simplen Melodien, die voller Eleganz und Stil geformt sind.

Das japanische *fūryū* beinhaltete aber noch etwas. Wann immer Gegenstände, die sich als *fūryū* charakterisieren ließen, zusammengebracht wurden, entstand eine ganz besondere Atmosphäre, deren Wesen eine Art selbstsicherer Gelassenheit ist. Hört man Satie, während man zugleich einen Chanel-Anzug trägt und einen afrikanischen Bantu-Topf betrachtet, so deutet sich diese Eigenschaft nur vage an. Man wird sich hier ganz einfach vorstellen müssen, wie es gewesen sein muss, in vollkommener Schönheit zu existieren in einer Umgebung, die ausschließlich aus elegantester Einfachheit bestand.

Der Shōgun hatte außerdem gelernt, dass alles Perfekte einen Instinkt der Habgier erweckt. Um dies zu vermeiden, waren seine Gebäude, seine Gärten, seine Vasen und Teller aus den einfachsten Materialien gefertigt, aus den Materialien der Natur selbst, und so wurde *fūryū* noch eine weitere Bedeutungsebene verliehen. Dem Shōgun hätten sicher einige Haikus von Matsuo Bashō (1644–1694) gut gefallen, die den Ursprung dieser Eigenschaft in der natürlichen, ländlichen Einfachheit der Lieder entdecken, die davon handeln, wie auf dem nur wenig eleganten Land Reis gepflanzt wird.

Das demonstrative Verlangen nach dem zurückhaltenden *fūryū*, das sich nach Yoshimasas aristokratischem Beispiel entwickelte, mag sich teilweise damit erklären lassen, dass der Begriff sowohl zu jener elementaren Doktrin des Buddhismus gut passt, der zufolge die menschengemachte Welt ein Trugbild ist, als auch zu der ähnlich ausgeprägten »ursprünglich« japanischen Überzeugung, dass sich in dieser Welt einzig dann leben lässt, wenn man sich ihren unabänderlichen Gesetzen unterwirft.

Dieses Empfinden ist dem Westen nicht fremd. Edmund Waller, ein britischer Dichter des 17. Jahrhunderts, vergleicht seine Geliebte mit einer Rose und weist die Blume sodann auf feine japanische Art an, seine Botschafterin zu sein und dahinzugehen, vor den Augen der Geliebten zu sterben, »damit sie / Das gemeine Los alles Seltenen / In dir lesen möge«[23].

Yoshimasa hätte verstanden. Das Gedicht fordert in keinerlei Hinsicht dazu auf, dass wir unsere

. . .

Anfang des Dichtens –
und im tiefen Norden hier
die Reispflanzlieder [21]
Singen, Reis pflanzen

Dorfgesänge lieblicher
Als berühmte Stadtgedichte [22]

ZWEI HAIKU VON BASHŌ

. . .

Rosenknospen zu pflücken hätten, solange wir noch Gelegenheit dazu hätten. Vielmehr erkennt es die Vergänglichkeit aller Dinge an – und versucht, in diesem Zugeständnis Schönheit und Trost zu finden.

Auf der ganzen Welt verbringen viele Menschen ihr ganzes Leben mit dem Versuch, dem Gedanken zu entkommen, dass sie und die Ihren eines Tages nicht mehr sein werden. Nur einige wenige Dichter widmen sich dieser Tatsache, und ich glaube, dass nur die Japaner sie sogar zelebrieren.

Dieses festliche Gedenken nimmt viele Formen an, doch die am weitesten verbreitete besteht wohl darin, in einen Spiegel zu schauen, ein weiteres graues Haar zu entdecken, eine weitere Falte auszumachen, und dann zu sich zu sagen: »Gut, alles in der Welt geht seinen Gang – alles verläuft ganz genau so, wie es soll.«

Diese Haltung (deren Gegenteil der Gang zum Schönheitssalon ist) bereitet außerdem Freude – die Freude darüber, einen Nachweis für dieses große Naturgesetz der Veränderung am eigenen Gesicht zu entdecken. Diese Haltung erstreckt sich auch auf die Außenwelt und entdeckt dort eine distanzierte und zufriedene Melancholie. Kirschblüten sollen nicht in ihrer vollsten Pracht bewundert werden, sondern erst später, wenn die Luft voll herabsinkender Blütenblätter ist und der unumgänglichen Erinnerung daran, dass auch die Kirschblüten ihre Zeit gehabt haben und zu Recht vergehen müssen.

Die Unsterblichkeit, sofern sie überhaupt in Betracht gezogen wird, findet sich in der Natur. Die Gestalt wird gewahrt, obgleich der Inhalt sich verflüchtigt. Beständigkeit durch Materialien (Granit, Marmor, die Pyramiden, der Parthenon) wird nur selten angestrebt. Stattdessen kommt man dem Anspruch auf Unsterblichkeit auf andere Weise nach. Paradigma wäre hier der Shintō-Schrein von Ise: Gefertigt aus ganz gewöhnlichem Holz, wird er alle zwanzig Jahre abgerissen und zugleich auf einem benachbarten Grundstück identisch wiederaufgebaut. Wie wir noch sehen werden, weisen sowohl *yūgen* als auch *wabi* und *sabi* die Eigenschaft auf, Beständigkeit einzig durch ihre offenkundig verfallenden Beispiele zu erreichen.

Das Streben nach Eleganz hat eine Vielzahl neuer Möglichkeiten geschaffen, sie zum Ausdruck zu bringen. Den ästhetischen Konzepten des Ashikaga-Shōguns folgend wurden in späteren Zeitaltern viele Begriffe, die die erwünschten

Eigenschaften zu beschreiben vermochten, wieder aufgegriffen oder neu geprägt. Einer dieser Begriffe stammt aus der Muromachi-Zeit (ca. 1333–1568): *shibui*.

Die Adjektivform des Nomens *shibusa* (oder *shibumi*) beschrieb ursprünglich etwas Herbes, etwas Trockenes. Klassische Bezugnahmen auf *shibui* verwendeten gelegentlich den Geschmack einer unreifen Kaki-Frucht, um die Eigenschaft anzudeuten. Sie ist noch immer das Antonym zu *amai*, »süß«.

Die Eleganz im Sinne von *shibui* war womöglich einer implizierten Differenzierung geschuldet. Das Süße und das Bunte waren für die einfacheren Menschen vorgesehen, also für diejenigen, denen die nötige Gewandtheit zur eleganten Würdigung des Subtilen und des Zurückhaltenden fehlte – ganz unerheblich, wie sauer und bitter dieser Geschmack auch erscheinen mochte. Schon bald darauf wurde das Wort nicht mehr nur auf Farbe, Gestaltung und guten Geschmack angewendet, sondern auch auf das gesellschaftliche Gebaren insgesamt.

Über die Implikationen des Begriffs schrieb der Ästhetiker Sōetsu Yanagi: »Es ist diese bestimmte Schönheit mit ihren inneren Implikationen, die als *shibui* bezeichnet wird. Es handelt sich dabei nicht um eine Schönheit, die dem Betrachter von ihrem

. . .

»Eleganz – zumindest diejenige Eleganz, die Bashō und andere perfektioniert haben – ist im Wesentlichen die extreme Verschärfung der Sensibilität. Ganz egal wie religiös oder philosophisch sie auch sein mag, sie ist durch und durch künstlerisch. In der Literatur wählt die Kunst der Eleganz die improvisierte Dichtung, da diese der Stille am nächsten ist; in der Kunst wählt sie die monochrome Malerei, da diese der Leere am nächsten ist.«[24]

HARUO SATŌ
aus *Abhandlung über die »Eleganz«*
(Fūryū no ron)

. . .

Schöpfer vorgeführt wird. Vielmehr bedeutet der Schöpfungsakt in diesem Zusammenhang die Herstellung eines Gegenstandes, der den Betrachter dazu veranlasst, seine Schönheit für sich selbst ausfindig zu machen. In diesem Sinne ist *shibui* Schönheit, die Schönheit der Teezeremonie, eine Schönheit, die aus dem Betrachter einen Künstler macht. [...] Während [unser] Geschmack sich immer weiter verfeinert, [werden wir] zwangsläufig bei der Schönheit anlangen, die *shibui* ist.«[25]

Obwohl es sich ursprünglich um ein ästhetisches Empfinden handelte (und deshalb eng verknüpft war mit Begriffen wie *wabi*, *sabi* und, viel später, *iki*), begann *shibui* schließlich auch bestimmte Verhaltensweisen zu beschreiben – beispielsweise die Verwendung dezenter Farben, einfacher Muster, aber auch Sänger, die auf sehr zurückhaltende Weise vortragen, und Schauspieler, die mit dem Ensemble eins sind. Makoto Ueda erwähnt, dass Baseballspieler dann als *shibui* gelten, wenn sie auf dem Spielfeld keine spektakulären Spielzüge machen, sondern unauffällig ihren Beitrag zum Spiel leisten.[26]

Durch Baseballspieler, die *shibui* sind, wird deutlich, dass dieses Adjektiv nach wie vor verwendet wird. Es handelt sich dabei um einen Begriff, dem man zuweilen in Alltagsgesprächen begegnet, und im Grunde wissen doch alle, was er in etwa bedeutet. Kürzlich habe ich ein Kompliment für meine Krawatte bekommen, die anerkennend als *shibui* bezeichnet wurde. Es handelte sich um eine dezente Krawatte, bräunlich, ziemlich dunkel, aber durchwoben von dem kaum wahrnehmbaren Hauch eines dunkelgrünen Musters.

Ästhetische Dinge, genau wie auch alle anderen, sind der Kommerzialisierung ausgesetzt. Ein Beispiel wären die finanziellen Abenteuer einer bestimmten Teedose, von denen der Historiker Teiji Itoh berichtet.[27]

Im Jahr 1581 bemerkte ein niederer Samurai, als er in einer Burgsiedlung nahe Kyoto anhielt, um zu rasten, das kleine Gefäß, in dem die Hausherrin ihren Tee aufbewahrte. Es handelte sich um einen rötlichbraunen Tontopf mit einer glänzendschwarzen Glasur, die an den Seiten herunterzutropfen schien. Der Effekt (glänzendschwarze Glasur auf rotem, unglasiertem Ton) war zwar reiner Zufall und doch so beeindruckend, dass sich der Samurai erkundigte, ob er den Topf nicht erwerben könne.

Das tat er dann auch, und zwar für die Summe von siebzig *mon* – etwa zwei Drittel des durchschnittlichen Handwerkerlohns. Hocherfreut nahm er den Topf mit nach Hause und zeigte ihn schließlich einem höheren Hofrat. Dieser Mann, der so etwas wie ein Kenner war, bestand darauf, dem Samurai das Gefäß abzukaufen. Auch er war äußerst erfreut über seinen Kauf und zeigte ihn schließlich seinem Herrn, dem Lehnsherrn Tadaoki Hosokawa, der verkündete, dass er den Topf für seine Sammlung brauche.

Kaum war er erworben worden, erlangte die Dose in Teezeremonie-Kreisen Berühmtheit und wurde über mehrere Generationen hinweg im Hosokawa-Clan weitervererbt, bis sie dann ein Jahrhundert später für eine Summe zwischen 350 und 500 *ryō* vom Matsudaira-Clan gekauft wurde – eine Summe, die damals dem drei- oder vierfachen Jahreseinkommen eines Handwerksmeisters entsprach. Sie ist bis heute intakt und bekannt als einer der edelsten aller Teetöpfe, und so wird er auch in den illustrierten Enzyklopädien berühmter Tee-Utensilien dargestellt.

Ein weiterer Grund für die Langlebigkeit und Beliebtheit von *shibui* ist, dass es sich so gut auf einen anderen, ganz ähnlich angewendeten Begriff für den angemessenen sozialen Geschmack reimt. Dabei handelt es sich um *jimi*, was normalerweise ganz einfach mit »guter Geschmack« übersetzt wird, obwohl der Begriff auch etwas Abwertendes hat. Wenn jemand einen eher schlichten Kimono in einer Gruppe trägt, in der alle anderen prächtigere Gewänder tragen, so könnte ein enger Freund (mit einem Lächeln) anmerken: »Ist das nicht ein wenig *jimi*?«

Teilweise rührt die Präsenz von *jimi* daher, dass der Begriff ein Antonym besitzt, von dem er abgegrenzt werden kann. Dabei handelt es sich um *hade* – ein Begriff, den wir mit »knallig« übersetzen müssten. Anders als im Deutschen oder Englischen ist der Begriff im Japanischen jedoch nicht pejorativ. Eine Redewendung lautet *hade de ii* oder »hübsch und knallig«.

Mit den Jahren wurde *shibui* zu einem gewissen Grad unter das beliebtere *jimi* eingeordnet, und inzwischen sind die beiden auf fruchtbare Weise miteinander verwoben. *Shibui* jedoch bewahrt das größere spezifische Gewicht. Im Kern besitzt es eine Dunkelheit (immerhin repräsentiert es vor allem negative Werte), die leicht esoterisch bleibt und den Begriff immer wieder in ein Synonym verwandelt für etwas, das geheimnisvoller ist als das, was ursprünglich wohl beabsichtigt war.

Sowohl *shibui* als auch *shibumi* sind in den USA

und in Europa kommerzialisiert worden. Einen sehr frühen Auftritt hatten sie im Jahr 1960 in zwei Ausgaben der Zeitschrift *House Beautiful*, die *shibui* als eine Art Schönmacher darstellten.[28] Auf diese Weise vervielfältigte sich die einheimische Popularisierung von *shibui* auch international. Im Japan der Edo-Zeit (1600–1868) war *shibui* zunächst populär geworden, als die wohlhabenderen Bewohner der Hauptstadt stolz auf ihren feinen Geschmack zu sein begannen und *shibui* in die Alltagssprache eingegangen war.

Betrachten wir nun *wabi* und *sabi*, jene Begriffe der traditionellen ästhetischen Terminologie Japans, die im Westen vielleicht daher am berühmtesten sind, weil ihre zufällige Alliteration eine gedeihliche Verbundenheit suggeriert. Und in der Tat sind die beiden miteinander verwandt, sowohl über ihre Affinität als auch über ihre Geschichte.[29]

Sabi ist ein ästhetischer Begriff, der auf ein ganz bestimmtes Anliegen zurückgeht. Es geht bei ihm um die Chronologie, um die Zeit, um deren Auswirkungen, um das Ergebnis. *Wabi* ist ein philosophischerer Begriff und nicht nur eine Eigenschaft, die einem bestimmten Gegenstand anhängt. Es geht bei ihm um die Methode, den Prozess, die Ausrichtung.

Sabi, der vermutlich ältere der beiden Begriffe, geht auf eine Vielzahl von Quellen zurück: auf *sabu*, ein Verb mit der Bedeutung »erblassen«, und auf ein Nomen, *susabi*, das »Ödnis« bedeuten kann und diesen Sinn auch in der frühen Gedichtsammlung *Man'yōshū* (spätes achtes Jahrhundert) trägt. Zu den weiteren Bedeutungen gehören *sabiru*, »rostig werden«, im weiteren Sinne auch »alt werden«, sowie das Adjektiv *sabishī*, welches damals wie heute »einsam« bedeutet.

In seinen frühesten Erwähnungen in den Arbeiten des Dichters Fujiwara no Shunzei (1114–1204, auch Fujiwara no Toshinari genannt) und in denen, die dem Dichter-Priester Saigyō Hōshi (1118–1190) zugeschrieben werden, bezog sich *sabi* auf Szenen, die trostlos und einsam waren, und fand darin eine lyrische Melancholie. Saigyō schrieb:

Ein Bergdorf,
Wo es nicht einmal die Hoffnung
Eines Besuchers gibt –
Gäbe es nicht die Einsamkeit,
Wie schmerzhaft wäre das Leben hier![30]

Auch spätere Denker wie beispielsweise der Dramatiker, Schauspieler und Ästhetiker Motokiyo Zeami (1363–1443) entdeckten in dieser tristen Eigenschaft der Ödnis eine besondere Art von Schönheit. Noch später würdigte Matsuo Bashō diese Eigenschaft, dessen Dichtung Sen'ichi Hisamatsu als Ansinnen auf »Seelenruhe in einem Kontext der Einsamkeit«[31] beschrieben hat.

Bashō tat in der Tat viel dafür, den Begriff *sabi* zu rehabilitieren und zu modernisieren, und zuweilen postulierte er die absolute Stille als Grundlage für diese Eigenschaft, so wie beispielsweise in dem berühmten Haiku aus *Auf schmalen Pfaden durchs Hinterland* (1689), hier in Géza S. Dombrádys Übersetzung ins Deutsche:

Stille …!
Tief bohrt sich in den Fels
das Sirren der Zikaden …[32]

Robert Brower hat festgestellt, dass sich eine westliche Parallele hierzu in der besinnlichen Melancholie der Dichter der Romantik erkennen lasse, beispielsweise in Wordsworths »Stimmung des Gemüts, in der sich mit schönen / auch ein trauriger Gedanke in uns regt«[33], – eine Stimmung, die, ähnlich wie Saigyō, andeutet, dass die Einsamkeit etwas ist, das ausgekostet werden muss.

Ein Unterschied zwischen Saigyō und Wordsworth besteht jedoch darin, dass die Emotionen des englischen Dichters von einer Meditation über die Beziehung des Menschen mit dem Universum ausgingen (wie der Rest des Gedichtes zeigt). Die Emotionen des japanischen Dichters waren mehr intuitiv denn philosophisch, und sie entstanden direkt durch bestimmte Aspekte der eigentlichen Natur.

Ein etymologischer Erklärungsansatz von *sabi* übersetzt den Begriff als »das Blühen der Zeit«[34]. Diese Lesart von *sabi* – kalt und frostig, und doch schön – passte gut zu einem buddhistisch beeinflussten Ethos, der die Einsamkeit als wesentlichen Teil des menschlichen Loses akzeptierte und deshalb darauf abzielte, sich mit ihr abzufinden und eine Art Schönheit in ihr zu entdecken. Ein Gedicht des Priesters Jakuren (1139–1202) beginnt so: »Einsamkeit *(sabishisa)* –/Die essentielle Farbe einer Schönheit/Die nicht definiert wird«[35].

Später benutzten mittelalterliche Autoren den Begriff synonym mit dem verwandten Begriff *hie*, der so übersetzt worden ist, dass er eine unterkühlte Schönheit beschreibt (das Wort wird noch heute benutzt – man bittet um *hiyazake* und bekommt kalten Sake). In der Muromachi-Zeit sprach der Dichter Shinkei von *hiesabi*.[36]

In der Moderne haben sich die verschiedenen Bedeutungen von *sabi* weitestgehend erhalten. Eine dieser Bedeutungen verweist auf die Patina des »Rostes«, des Alters. Wm. Theodore de Bary berichtet, wie er Zeuge einer solchen Verwendung wurde, nachdem der Kinkaku-ji (der »Goldene Pavillon-Tempel«) in den 1950er-Jahren durch ein Feuer zerstört worden war und dann neu errichtet wurde. Der Tempel war überwältigend in seiner Pracht, doch Professor de Bary hörte zufällig, wie jemand sagte: »Warten wir noch ein paar Jahre, bis er *sabi* wird.«[37]

Wabi, genauso wie *sabi*, regt an zur Würdigung einer nüchternen Schönheit und einer gelassenen und annehmenden Einstellung gegenüber den kalten Launen des Schicksals. Der Begriff wurde von dem Verb *wabu* (»dahinschwinden«, »verkümmern«) abgeleitet, und das Adjektiv *wabishī* (»gottverlassen«, »verwaist«) bedeutete ursprünglich etwas ebenso Unerfreuliches. Jedoch wurde die Bedeutung noch vor der Kamakura-Ära (1185–1333) positiver. Heute unterscheidet sich *sabishī* (»einsam«) von *wabishī* vor allem darin, dass sich ersterer Begriff auf einen emotionalen Zustand bezieht, während letzterer zumeist benutzt wird, um die tatsächlichen Bedingungen zu beschreiben, unter denen man lebt.

Daisetz Suzuki, der große Erklärer der Prinzipien des Zen-Buddhismus, beschrieb *wabi* als »eine ästhetische Würdigung der Armut«[38] und fügte hinzu, dass der Begriff bedeute, »mit einer kleinen Hütte zufrieden [zu] sein [...], gleich der Hütte THOREAUS, und mit einem Pflanzengericht, das man auf dem nächsten Feld aufgelesen hat, und vielleicht dem Tropfenfall eines zarten Frühlingsregens zu lauschen.«[39]

Armut und Einsamkeit lassen sich als Befreiung von allem Streben nach Reichtum und Ruhm denken. Die Wurzel von *wabi* ist *wa*, jene Silbe, die sich auf Harmonie, Seelenruhe, Frieden bezieht. Schönheit lasse sich aus Einfachheit gewinnen, und Überfluss lasse sich in der Armut finden. Diese Feststellungen entwickelten sich zu den Grundannahmen derjenigen, die später das Ideal der Teezeremonie kultivierten und ihr Brauchtum zu erhöhen suchten, indem sie es mit »Zen-artigen« Attributen wie »Schlichtheit« versahen.

Dies gilt auch für Jōō Takeno (1502–1555), der äußerst beglückt ein Gedicht von Fujiwara no

Teika (auch Fujiwara no Sadaie genannt, 1162–1241) zitierte, da es das Wesen von *wabi* enthalte:

So wie ich weit schaue, sehe ich weder
Kirschblüten
noch verfärbte Blätter;
Nur eine einfache Hütte an der Küste
im Halbdunkel der herbstlichen
Abenddämmerung.[40]

Der Dichter, während er die Szene genauestens beobachtet, wählt nicht die rosafarbene, feierlich wirkende Kirsche oder den hellroten Ahorn – zwei beliebte, wenn auch *hade* saisonale Anblicke. Stattdessen wählt er den tiefen Herbst, üblicherweise die dunkelste der Jahreszeiten, und die Abenddämmerung, also jene Tageszeit, zu der alles Leuchtende in die Einfarbigkeit der Dämmerung verschwindet.

Hier zeigt sich, dass jede geläufige Vorstellung falsch ist, der die Eleganz als etwas Verschnörkeltes, Kompliziertes, Gekünsteltes gilt. Vielmehr lässt sich wahre Eleganz im Gegenteil dieser Eigenschaften finden. Diese Tatsache wurde eindeutig in der Teezeremonie, der *chanoyu*, kultiviert.

Auch Jukō Murata (1422–1502) deutete dies an, indem er das Teeritual für sein aristokratisches

Publikum in einem einzigen, bescheidenen Raum abhielt, der nur viereinhalb Tatami-Matten groß war. Seine »Reformen« wurden von Jōō Takeno übernommen und von Sen no Rikyū vollendet, dem berühmtesten aller Teemeister, dem Meister-Ästhetiker.

Rikyūs *chanoyu* hieß *wabi-cha*. Er lehrte, dass die Armut ihre eigene Eleganz besaß, wie ja auch am Beispiel des bäuerlichen Teehauses deutlich wurde, an dem der erlesenen Einfachheit der gewöhnlichen Teetasse, sowie am Beispiel der zwar gewöhnlichen, wenn auch betont und bewusst guten Manieren sowohl des Teemeisters als auch seiner Gäste.

Überfluss ist unnötig oder gar – was noch schlimmer ist – vulgär. Das Einzelne kann für das Ganze stehen – weniger ist immer mehr. Dies sind nur einige der Lehren, die Hideyoshi aus Rikyūs Winden-Beispiel gezogen haben mag. Sie gehören ganz sicher zu denen, die auch die späteren Haiku-Dichter anzubieten hatten, darunter insbesondere Bashō, für den *wabi* ein so poetisches Prinzip war, dass es für ihn zu einer Lebensform wurde – *wabizumai*, das »*wabi* Leben«.

Diese auferlegte Einfachheit mag paradox erscheinen, einem Höfling in Versailles wäre sie jedoch ziemlich vertraut gewesen. In Wirklichkeit lebte keiner der japanischen Ästheten und Tee-Meister in einer »einfachen Hütte an der Küste«. Genau wie auch Rikyū besaßen sie alle ihre luxuriösen Heime auf den Anwesen wohlhabender Kriegsherren.

Ästhetische Begriffe stehen für einen Versuch, das ansonsten Undefinierbare zu definieren. Sie sind Teil eines Netzes aus Worten, durch das wir zwar unsere Gefühle fassen und kontrollieren können. Die eigentliche Aufgabe jedoch – das Fühlen zu definieren – ist schwierig. Also versuchen wir uns zuweilen an anderen Mitteln – an solchen, die etwas andeuten anstatt etwas auszusagen.

Einer dieser Versuche ist jene farbenfrohe Erfindung des Ästheten. Im Grunde sind wir seit seinen Beispielen des 19. Jahrhunderts vertraut mit ihm (halb Respektsperson, halb Witzfigur). Kunst statt Leben oder als Alternative zum Leben – dies war das Credo des Ästheten. Kunst um ihrer selbst willen.

Sowohl was sein Auftreten als auch was seine Aphorismen angeht, war Oscar Wilde ein frühes englisches Beispiel. »Die erste Pflicht im Leben ist, so künstlich wie möglich zu sein. Die zweite Pflicht hat bisher noch niemand entdeckt.«[41] In Frankreich strebte Jean Des Esseintes, der Held eines

Romans von J.-K. Huysmans, erfolglos nach einem vollkommen künstlichen Leben[42], und Villiers de l'Isle-Adam lässt eine seiner Figuren sagen: »Leben? Unsere Diener besorgen das für uns.«[43]

In Japan gab es nur wenige Figuren, die so exzentrisch waren, doch es gab *bunjin*, die eine Kunst von bemerkenswerter Individualität schufen, indem sie das chinesische Bespiel des gelehrten Amateurlandschaftskünstlers imitierten, der von allen stilistischen und schulischen Zwängen befreit war. Diese japanischen *bunjin* verstanden die Tradition der Literaten als Ablehnung des akademischen Stils und waren deshalb völlig frei, eine persönlichere Form einer Kunst zu schaffen, die allein um ihrer selbst willen existiert, und diese Kunst auf eine viel exzentrischere Art und Weise zu schaffen. Dazu gehören Geschichten über Verhaltensauffälligkeiten, über Alkoholexzesse, exzessive Spielsucht und über Experimente mit Spinnen, die in *ikebana*-Arrangements gesetzt wurden, um diesen eine leicht erschreckende saisonale Note zu verleihen.

In Japan war der Ästhetizismus ganz ähnlich motiviert wie in Europa. In England wurden ästhetische Formen gegen den Materialismus und Kapitalismus des späten viktorianischen Zeitalters entwickelt. In Japan reagierte er auf die Zwänge der

Edo-Zeit und der folgenden Jahre. Der Ästhetizismus bedeutete einen belebenden Einfluss in Zeiten von Unterdrückung, Selbstgefälligkeit und Heuchelei. Er war eine wahrhaftige Suche nach Schönheit, und er bemühte sich, dieser Schönheit einen unabhängigen Wert zu verleihen.

Im viktorianischen England hielt Max Beerbohm fest: »Schönheit hatte es schon lange vor 1880 gegeben – es war Oscar Wilde, der für ihr Debut sorgte.«[44] Im Japan der Muromachi-Zeit wurde die Schönheit durch den Geschmack wiederentdeckt. Und genau wie die europäischen Ästheten die archaistischen Formen und die archaische Sprache (Chaucer, Spencer) wiederentdeckten, so belebten auch die japanischen Ästheten die Sprache und Literatur der Heian-Ära neu. Beide Gruppen schufen ihre je eigenen Goldenen Zeitalter, um die Zeit, in der sie lebten, besser definieren und geißeln zu können.

Es ließe sich gar die Vermutung wagen, dass das ästhetische Verlangen nach Einfachheit zu Teilen von einer Art Reaktion auf ein Leben ausging, das ansonsten überladen und kompliziert war. Zudem ließe sich eine Ähnlichkeit mit der affektierten Einfachheit der Jugendkleidung unserer Zeit feststellen: zerrissene, aufgeschlitzte oder anderweitig

»mitgenommene« Jeans, rustikale »Holzfäller«-Hemden, schweres Schuhwerk, die gebräunte Haut arbeitender Menschen – und all dies an Jugendlichen, die noch nie einen Grund hatten, schwere Arbeitsstiefel zu tragen und deren Teint allenfalls das Resultat der teuren Arbeit von Sonnenstudios ist.

Für uns mag dieses proletarische Getue heute einen politischen Beiklang haben, doch für den japanischen Tee-Meister des 14. Jahrhunderts lag die Betonung allein auf dem Ästhetischen – obwohl dies durchaus an dem politischen Wunsch des Meisters gelegen haben mag, sein Metier respektabler erscheinen zu lassen.

Unter den Begriffen der japanischen Ästhetik ist *aware* ein Sonderfall, ein Ausdruck, der erst durch seine Variationen Bedeutung erlangte. Ursprünglich (in der Heian-Zeit) war *aware* mit einer Interjektion wie »ah« oder »oh« verwandt und brachte eine Emotion zum Ausdruck, aber auch ein kontrolliertes Fühlen. Von Shikibu Murasaki heißt es, dass sie in der *Geschichte vom Prinzen Genji* über eintausend Mal von *aware* Gebrauch gemacht habe. Letztlich begann der Begriff für all das zu stehen, was sich zwischen Eleganz und Pathos befindet.

Aware (dessen Verbform »bedauern« oder »bemitleiden« bedeutet) ist vermutlich *sabi* am nächsten. In beiden Fällen wird die schwermütige Melancholie der mitfühlenden Reaktion betont. Das »Bewusstsein für die Isolation sowie die herben Eigenschaften der Bildsprache von *sabi* unterscheiden es,« laut Brower, jedoch »eindeutig vom Konzept des *aware* und schränken es zudem sehr viel mehr ein.«[45]

Es gibt noch andere ästhetische Begriffe. Der Bedarf war offenbar so groß, dass diese Definitionen immer zahlreicher wurden. Eine unvollständige Liste würde anführen:

ate – ein Begriff aus der Heian-Zeit, der »Veredelung« bedeutet oder auch »Vornehmheit«, die auf einen höheren Status zurückgeht.

en – noch ein Heian-Wort, das eine reiche und zugleich offenkundig beschwingte Schönheit meint.

fūga – »Eleganz« *(yūbi)*, »Erhabenheit« *(yūdai)*.

hosomi – »emotionales Feingefühl« sowie die Entschlossenheit, nicht einmal die größte Belanglosigkeit zu vernachlässigen, die Schönheit von einfach allem zu begreifen – ein Haiku-Begriff.

karumi – »die Schönheit des Einfachen«, der schmucklose Ausdruck tiefgründiger Wahrheit.

kurai – »Würde«, sogar »Erhabenheit«, auf stille oder gar kalte Weise schön.

mumon – wortwörtlich: »ohne Musterung oder sonstiges Design«; wird auf unkomplizierte Weise und ohne jedes Zögern erreicht.

okashi – ein Begriff aus der Heian-Zeit, der ursprünglich »ansprechend« oder »charmant« bedeutete. Später begann er »amüsant« oder »geistreich« zu bedeuten. Er hat bis in das moderne Japanisch als etwas »Lustiges« oder »Absurdes« überlebt.

reiyō – verweist auf eine ebenmäßige und anmutige Schönheit.

takedakeshi – ein sehr alter Begriff, der eine Einheit von Stärke und Adel beschreibt, ein ästhetisches Ideal von mittelalterlichen Dichtern wie Shunzei und Teika.

yasashi – ursprünglich »angenehm schüchtern«, deutete später eine weiche (und feminine) Schönheit an. Der Begriff überlebt bis ins moderne Japanisch und bedeutet noch immer dasselbe.

yū – ein weiterer Begriff für »anmutig« oder »fein«; wird häufig als etwas Ähnliches wie »elegant« aufgefasst.

Aware wird auf diejenigen Aspekte der Natur (oder des Lebens oder der Kunst) angewendet, die dem empfänglichen Menschen ein Bewusstsein für die kurzlebige Schönheit einer Welt ermöglichen, in der die stete Veränderung die einzige Konstante ist. Darauf können wir mit schicksalsergebener Melancholie reagieren, mit übermäßiger Ehrfurcht oder gar mit bedächtiger und hinnehmender Freude. Es hat einige tapfere Versuche gegeben, den Begriff *aware* ins Englische zu übersetzen – in eine Sprache, in der es keine Möglichkeit zu einer solchen Übersetzung gibt.

Eine modernere Variante von *mono no aware* wird dem Forscher Norinaga Motoori (1730–1801) zugeschrieben, der den Begriff wiederbelebte (manch einer sagt: »erfand«) als Möglichkeit eines Beweises, dass japanisches Denken (im Gegensatz zu importierten chinesischen Einflüssen) überlegen und tatsächlich auch »einzigartig« sei.

Die moderne Bedeutung von *mono no aware* wurde zur Definition des Wesens der japanischen Kultur erweitert. Das Ziel des Begriffs wurde politisch. Zugleich jedoch beschreibt er etwas, das definitiv existiert.

Wir alle können *aware* wahrnehmen. Doch nicht alle wollen eine Definition dieses Begriffs finden. Japan hingegen strebt dies durchaus an, und aus *aware* (in all seinen Bedeutungen) gehen neben vielen anderen solch verwandte ästhetische Kategorien wie *wabi* und *sabi* oder auch *yūgen* hervor.

Yūgen als Begriff bezieht sich auf »Geheimnis und Tiefe«. *Yu* bedeutet »Düsterkeit, voller Schatten«, und *gen* bedeutet »Dunkelheit«. Es entstammt dem chinesischen Begriff *you xuan*, der etwas bezeichnete, das zu tief war, als dass es sich verstehen oder gar sehen ließe.[46] In Japan wurde der Begriff (in Browers Worten) zum »Ideal eines künstlerischen Effekts, der sowohl geheimnisvoll als auch unaussprechbar ist; eines subtilen, komplexen Tons, der entsteht, wenn man die unausgesprochenen Konnotationen der Worte und die Tragweite einer poetischen Situation betont.«[47] Die Unbestimmtheit dieser Bedeutung lässt sich, wie bei William LaFleur, Tendai-buddhistischen Lehren zuschreiben, bei denen es um »die wechselseitige Abhängigkeit aller Dinge voneinander«[48] geht. Das Ergebnis, wie es von Howard Rheingold zusammengefasst wurde, ist »ein Bewusstsein des Universums, das Gefühle auslöst, die zu tief und zu geheimnisvoll für Worte sind.«[49]

Yūgen ist zudem der Begriff für eine bestimmte Dichtungsform, für einen der zehn orthodoxen

Stile, die Fujiwara no Teika beschrieben hat. Fuijiwara no Shunzei hat *yūgen* außerdem mit *sabi* in Verbindung gebracht, um eine Schönheit zu beschreiben, die mit der Traurigkeit einhergeht. Diese Interpretation wurde von Kamo no Chōmei (1155–1216) gestützt, dem Autor von »*Hōjōki*. Aufzeichnungen aus meiner Hütte«, der in *Mumyōshō*, seiner »Namenlosen Abhandlung«, schrieb, dass sich *yūgen* für ihn »[a]n einem Herbstabend finden lässt, wenn es weder eine Farbe am Himmel gibt noch einen Klang. Doch obwohl wir keinen bestimmten Grund nennen können, warum dem so ist, sind wir dennoch zu Tränen gerührt.«[50]

Der Durchschnittsmensch wird rein gar nichts Bewegendes an einer solchen Szene finden. Allenfalls wird er die Kirschblüten und Ahornblätter bewundern können. Dies liegt daran, dass ihm die nötige Sensibilität fehlt, um den wunderschönen Pathos wahrzunehmen, den *yūgen* ausdrückt. Dies kann nur geschehen, »wenn viele Bedeutungen zu einem einzigen Wort verdichtet und die Tiefen des Fühlens zwar erschöpft, jedoch nicht ausgesprochen werden; wenn eine ungesehene Welt in der Atmosphäre des Gedichtes schwebt; wenn das Gemeine und Gewöhnliche dazu benutzt werden, das Elegante auszudrücken; wenn durch einen

. . .

Ivan Morris liest *aware* als »anrührend, bewegend« und *mono no aware* in Korrespondenz mit Virgils *lacrimae rerum*, mit der »Traurigkeit der Dinge«[51].

Wie Earl Miner es formuliert hat, »verweist [*aware*] auf einen Kummer, der eine Schönheit annimmt oder eine Sensibilität für die edelsten – und traurigsten – Schönheiten. *Aware* deutet sowohl die Bedingtheit an als auch die würdigende Sensibilität.«[52]

De Bary erklärt, dass *aware* »eine leise Trauer ausdrückt, die einem Satz vor allem eine Farbe hinzufügt oder ein Parfum und weniger eine Bedeutung.«[53]

Makoto Uedas Paraphrase lautet: »[E]ine tiefe, emphatische Würdigung der vergänglichen Schönheit, wie sie sich in der Natur und dem menschlichen Leben manifestiert, und die deshalb normalerweise ein Hauch von Traurigkeit umweht; unter bestimmten Bedingungen kann sie [jedoch] auch mit Bewunderung, Ehrfurcht oder gar Freude einhergehen.«[54]

Michael F. Marra hat *mono no aware* als die »Fähigkeit einer Person« beschrieben, »sich der bewegenden Kraft der externen Wirklichkeit bewusst zu werden, sie infolgedessen auch zu begreifen und sie deshalb anderen mitzuteilen.«[55]

Zu den moderneren Versuchen gehören »C'est la vie« und »So läuft der Hase nun mal!«

. . .

Stil, der nach außen hin ganz simpel erscheint, ein poetisches Werk von seltener Schönheit und außerordentlicher Pracht entwickelt wird.«[56]

Als Eigenschaft wird *yūgen* heutzutage zumeist mit dem *Nō*-Theater in Verbindung gebracht, mit einer verschleierten Natur, die durch eine Atmosphäre üppiger, jedoch geheimnisvoller Schönheit hindurch betrachtet wird. Nach Motokiyo Zeamis Definition vereint das *yūgen* des *Nō* in sich das *yūgen* der Rede, des Tanzes und des Liedes. Der Schauspieler müsse »diese verschiedenen Typen der Anmut ergreifen und in sich aufnehmen.«[57] Ganz unabhängig von der Figur (Herr, Kleinbauer, Engel, Dämon), die er spielt, »sollte der Eindruck entstehen, dass jede dieser Figuren einen Zweig mit Blüten in der Hand halte.«[58] Immer sollte der Schauspieler diese frische, geheimnisvolle Wirklichkeit darbieten.

Arthur Waley hat sich zu Zeamis Verwendung des Begriffs geäußert und eine Art Definition formuliert: »[*Yūgen*] bedeutet ›das, was sich unter der Oberfläche befindet‹; das Subtile im Gegensatz zum Offenkundigen; die Andeutung im Gegensatz zur Aussage. [Der Begriff] wird angewendet auf die natürliche Anmut der Bewegungen eines Jungen, auf das behutsam Zurückhaltende im Sprechen und Auftreten eines Edelmanns. [...] ›Den Sonnenuntergang hinter einem von Blumen überzogenen Hügel zu beobachten; immer weiter und tiefer in einen riesigen Wald hinein zu wandern, ohne an eine Rückkehr überhaupt nur zu denken; am Ufer zu stehen und einem Boot hinterherzusehen, das langsam von weit entfernt liegenden Inseln verdeckt wird‹ [...] – solcherlei sind die Pforten des *yūgen*.«[59]

Hier fühlen wir uns an unser eigenes Bemühen erinnert, ästhetische Begriffe zu kategorisieren. Im Westen gibt es dabei jedoch kaum Aussicht auf Erfolg – obwohl Platon, Addison, Hegel, Hume, Kant und viele andere es versucht haben. In Japan gibt es damit jedoch anscheinend kein Problem. Ästhetische Kategorien gedeihen.

All dies bedeutet jedoch nicht, dass die japanische Ästhetik nicht auch eine politische Dimension besäße, wie ihr Verfechter Norinaga Motoori bestens begriff. Sie dient noch immer dazu, Status und Klasse voneinander zu trennen. Die gesellschaftlich Mächtigen, die Wohlhabenden sind besessen von den »schönen Künsten« Japans (dem *Nō*-Theater, der Kunst der Kalligrafie, *ikebana* usw.). Zudem haben sich die ästhetischen Begriffe und Definitionen so entwickelt, dass sie politischere Definitionen begünstigen.

David Bordwell hat darauf verwiesen, als er schrieb: »Von den künstlerischen Begriffen, die vermeintlich die gesamte japanische Kunst prägen *(wabi, yūgen, iki, mono no aware)*, erweist sich oftmals, dass sie eine komplexe und ambivalente Geschichte besitzen, in deren Verlauf sie zu den verschiedensten Zwecken umdefiniert wurden. Allgemeiner gesagt, wurde eine große Vielzahl ›ausdrücklich japanischer‹ Traditionen – von der Verehrung des Kaisers bis hin zu den Regeln des Sumō-Ringens – im 19. und 20. Jahrhundert von den verschiedenen Fraktionen der Elite ersonnen, um neue nationale Identitäten für eine sich modernisierende Gesellschaft zu schmieden. [...] Dazu ließe sich sagen, dass die Japaner sich eine lebendige Beziehung zu ihren vormodernen Bräuchen und Denkweisen erhalten haben, während wir [der Westen] den Kontakt zu den unseren verloren haben. Doch auch dieser Gedanke an sich ist eine erfundene Tradition, die in der japanischen Ethnologie und Kulturtheorie des 20. Jahrhunderts wurzelt.«[60]

Das gilt auch für Kategorien innerhalb von Kategorien. Eine dieser erwähnen wir an dieser Stelle wohl auch deshalb, weil sie häufig übersehen wird, obwohl sie uns durchaus einige Einblicke in die Funktionsweise japanischen ästhetischen Empfindens vermittelt. Sie beschreibt das, was wir als »Stimmung« dessen bezeichnen können, womit auch immer wir uns gerade beschäftigen: Blumenarrangements, Teezeremonie, Kalligrafie, Gartengestaltung, dem Färben von Kimono-Stoffen, unser Auftreten insgesamt. Dazu gehört ein festgelegtes dreiteiliges Kategorisierungssystem, von dem sich frühe Ästhetiker erhofft hatten, dass es sämtliche Attribute all dieser Aktivitäten und ihrer Ausdrucksformen würde umfassen können.

Die dreiteilige Formel wird auch als *shin gyō sō* bezeichnet. Der erste dieser Begriffe, *shin*, verweist auf formelle, langsame, symmetrische, stattliche Dinge. Der dritte ist *sō* und wird auf Dinge angewendet, die informell, schnell, asymmetrisch, ungezwungen sind. Der zweite ist *gyō*, und er beschreibt alles das, was sich zwischen den Extremen der anderen beiden befindet.

Die Anwendung dieser Begriffe unterscheidet sich sowohl je nach Gegenstand als auch danach, welcher Ästhet das System jeweils verwendet. Ein *shin* Garten beispielsweise ist normalerweise sowohl öffentlich als auch herrschaftlich, gehört zu einem Tempel oder einem schönen Wohnhaus. Ein Garten, der als *gyō* gilt, ist in mancher Hinsicht formell, in anderer Hinsicht jedoch auch informell – so wie beispielsweise bei einem stilvollen privaten Wohnhaus. Der *sō* Garten ist eindeutig informell und lässt sich oftmals in ländlichen Gegenden rund um die Häuser von Kleinbauern finden.

Beim *ikebana* ist ein *shin* Blumenarrangement formell, schmal geformt und in seiner Ausrichtung festlich – im *tokonoma* beispielsweise, dem Alkoven des Teezimmers. Das *gyō* Arrangement besitzt ein breiteres Profil, in dem sich etwas Bewegung andeutet – herbstliche Blätter beispielsweise für saisonale Effekte. Das *sō* Blumenarrangement ist entschieden informell, sowohl in seiner Form als auch hinsichtlich des Raums, den es einnimmt – manchmal endet es in einer Vase an der Wand.

Bei einem Arrangement im *tokonoma*, zu dem ein Kunstwerk samt Blumen oder ein *bonsai*-Miniaturbaum gehört, markiert die Schriftrolle *shin*, wenn sie exakt in der Mitte des Raumes hängt; *gyō*, wenn sie ein wenig seitlich versetzt hängt; und *sō*, wenn sie noch etwas versetzter und genau genommen eindeutig asymmetrisch arrangiert ist.

»[Der Blumenmeister] Sōfū Teshigahara sagte einmal, dass *shin* einen traditionellen, fein säuberlich mit *tatami*-Matten ausgelegten *tokonoma* mit lackiertem tragenden Pfosten und exakten und formellen Proportionen bezeichne; dass jedoch ein mit deutlich sichtbar gemasertem Holz ausgelegter *tokonoma*, der als Pfosten womöglich gar einen natürlichen Baumstamm habe, *gyō* sei. Er erklärte, dass er noch nie von einem *tokonoma* gehört habe, der *sō* sei, da diese Alkoven nicht auf diese Weise gestaltet werden. Die äußerst schlichten *tokonoma* mancher Teezeremonienräume kämen dem *sō* in ihrer Zwanglosigkeit jedoch sehr nahe.«[61]

Eine alternative Lesart definiert *shin* als etwas vom Menschen Geschaffenes, *sō* als den natürlichen Zustand und *gyō* als sowohl *shin* als auch *sō*, die einander ergänzen. Diese Interpretation wird in Josiah Conders Buch *Landscape Gardening in Japan* (1893) adaptiert, dem frühesten Zeugnis dieses Systems, in dem er *shin* als »vollendet« bezeichnet, *gyō* als »intermediär« und *sō* als »roh«.[62]

Auch weitere Alternativen sind denkbar. Beim *kyūdō* (die Kunst des Bogenschießens) heißt *shin* »der Wahrheit folgen«, also die Grundlagen befolgen, die Technik. *Gyō* ist die Ausführung all dessen mit dem eigentlichen Schuss, eine Demonstration dieses Prinzips. *Sō* ist die natürliche Form, die gewährleistet, dass sich der Schuss in Harmonie mit dem Ort, der Zeit, der Person befindet.

Eine etwas schwieriger zu verstehende Anwendungsweise dieses dreiteiligen Systems lässt sich bei den Kampfkünsten feststellen, wo es die Verbeugung bestimmt. Bei der im Sitzen ausgeführten *shin* Verbeugung berührt man mit der Stirn die Rückseite der ausgestreckten Hände. Die *shin* Verbeugung im Stehen verlangt eine Vorwärtsbewegung von mindestens 45 Grad. Sie ist gesellschaftlich Höherstehenden und Älteren vorbehalten. Für gesellschaftlich Tieferstehende und Untergebene ist die *sō* Verbeugung angemessen. Dabei werden der Kopf und der Rücken nur ganz leicht gebeugt. Die *gyō* Verbeugung wäre eine Kombination der anderen beiden.

Die Schwierigkeiten enden hier jedoch nicht. Die drei Unterteilungen *shin*, *gyō* und *sō* sind jeweils in noch drei weitere Unterkategorien geteilt. Die *shin no shin* Verbeugung wäre die formellste »formelle« Verbeugung. Eine *gyō no shin* Verbeugung wäre eine halb-formelle »formelle«, und die *sō no shin* Verbeugung wäre ein informelle »formelle« Verbeugung.

Den Ursprung dieses ästhetischen Systems vermutet man in den drei Stilen der Kalligrafie, wie sie in China kategorisiert und früh in Japan eingeführt wurden. Es gab den formellen Block-Schreibstil der *kanji*-Schriftzeichen; den sehr viel lockereren Stil, der bei den *kana*-Schriftzeichen verwandt wird, und die sehr lockeren Verkürzungen der Schreibschrift.

Beim *shodō* (die japanische Kunst der Kalligrafie) werden die ursprünglich chinesisch nicht-schreibschriftlichen Schriftzeichen als *shin* bezeichnet (dies entspricht der *kaisho* Form, also »der korrekten Schrift«). Dies wird weiter gegliedert in *gyōsho* (halb-schreibschriftliche) und *sōsho* (schreibschriftliche) Formen.

Kunio Komparu übersetzt *shin* mit »wahr«, *gyō* mit »bewegend« und das schreibschriftliche *sō* mit »wie Gras«. Das System insgesamt umschreibt er als schematisches Kartografieren der einzigartigen japanischen Art und Weise, auf jede einzelne neue und fremde Begegnung zu reagieren.[63]

All das könnte man nicht nur für archaisch halten, sondern es ließe sich auch vermuten, dass es einiges Spezialwissens bedarf, um es zu begreifen. Dem ist jedoch nicht so. Wir müssen dieses System lediglich so verlagern, dass es uns etwas vertrauter wird, bevor wir uns genauer ansehen, wie es im Einzelnen funktioniert.

Das Washington Monument ist *shin*. Es ist symmetrisch, formell, korrekt, offiziell, repräsentativ und zugleich auf beinahe kunstvolle Weise schön. *Sō* ist das Gegenteil dessen, und obwohl wir keine *sō* öffentlichen Denkmäler besitzen (*per definitionem* sind nämlich alle unsere Denkmäler *shin*, und zwar ganz einfach deshalb, weil sie Denkmäler sind), könnte beispielsweise ein Haus von Frank Lloyd Wright eine Annäherung an *sō* darstellen. Es ist asymmetrisch, informell, zwanglos, und zugleich ist es sowohl einfach als auch schön.

Darüber hinaus erklärt dieses dreiteilige Kategorisierungssystem auch die Intensität und Wärme der Stimmung. Dementsprechend sind Katzen *shin*, Hunde jedoch sind *sō*. Ebenso ist Sean Penn sehr *shin*, wohingegen Brad Pitt ziemlich *sō* ist. Oder: Mozart ist ein sehr einnehmender Ausdruck von *sō*, dem etwas *shin* beigemengt ist, während wir bei Beethoven *shin* vermengt mit *sō* haben, und Brahms ist voll und ganz *gyō*. Es gibt noch zahlreiche weitere Anwendungsmöglichkeiten.

Die Formel *shin gyō sō* ist zudem nützlich, da sie historische und geografische Positionen beschreibt. Wie wir gesehen haben, sind normalerweise diejenigen Objekte *shin*, die vom Menschen geschaffen werden; *sō* sind diejenigen, die der

Natur überlassen sind, und *gyō* sind diejenigen, die die ersten beiden miteinander vermengen. Oder: Historisch betrachtet ist *shin* die ursprüngliche Form, also normalerweise das, was nach Japan importiert wurde (vor allem aus China und Korea); *sō* ist die Form, die der vormals *shin* Gegenstand nach einem längeren Aufenthalt in Japan annimmt, wo er vielleicht verbessert und geschmeidig gemacht wurde und wo aus dem Formellen etwas Informelles wurde oder etwas »Natürliches«, womit sich seine Eingliederung in Japan vollendet hatte.

Kategorisierungs- und Erklärungsformeln sind in den traditionellen asiatischen Ästhetiken üblich. In Japan gibt es mehrere, von denen die meisten (wie die Schablone *shin gyō sō*) chinesischen Ursprungs sind. Die beiden, denen wir am häufigsten begegnen, sind *ten chi jin* und *jo ha kyū*.

Auf erstere Formel trifft man in vielen traditionellen Künsten. Hier bezeichnet *ten* den Himmel oder das Himmelsreich, *chi* den Boden oder die Erde, und *jin* den Menschen, dessen Pflicht es ist, die anderen beiden miteinander in Einklang zu bringen. Manchmal werden beim *ikebana* die verschiedenen Richtungen, in die sich das Blumenarrangement erstreckt, entsprechend mit Namen versehen. Auch in den militärischen Künsten wird diese Bestimmung benutzt.

Die zweite Formel ist in den Künsten sogar noch weiter verbreitet. *Jo ha kyū* ist ein Begriff, der direkt aus China importiert und zuerst im Zusammenhang mit der *gagaku* benutzt wurde, der frühen japanischen Hofmusik. Eine übliche Übersetzung dieses dreiteiligen Musters lautet »Einleitung, Durchführung, Finale«.

Solch einer Darstellung gelingt es jedoch nicht einmal ansatzweise, die außerordentliche Vielfalt aller möglichen Assoziationen anzudeuten. Die Einleitung *jo* muss (in der Musik und im Drama) einen langsamen, doch zugleich freien Rhythmus haben. Die Ausführung *ha* muss dem einführenden Rhythmus folgen: Das *kyū* ist dann der rhythmische Höhepunkt, relativ schnell, gefolgt von einer abschließenden Rückkehr hin zum *jo*-Tempo. Dies wird in der westlichen Musiksprache manchmal als schnelles *larghetto* dargestellt, als *con brio* (mit Schwung, Elan), *allegro* (munter) und als finales, ausklingendes *diminuendo*. Zeami verglich diesen Gedanken mit einem dünnen Strom, der zu einem breiten Fluss wird und schließlich zu einem Wasserfall, der in ein ruhiges Becken hinabrauscht.

Für diese Schablone lassen sich viele Verwendungen finden. Sie kann fast alles über jeden beliebigen Zeitraum hinweg regeln, auch die Entwicklung jener poetischen Wettbewerbe, die als *renga* bezeichnet werden. Wiederum Zeami führte die Folgen dieses Systems weiter aus – nicht nur in musikalischer Form oder bei einer theatralischen Präsentation soll es sich feststellen lassen, sondern in schlicht jeder instrumentellen oder vokalen Ausdrucksform, in jedem Schritt, in jedem Wort.

Bei der Teezeremonie beispielsweise gelten die aufeinander abgestimmten Küchenutensilien aus Bronze oder anderen bearbeiteten Materialien als *shin* – sie sind üblicherweise chinesischen Ursprungs oder chinesisch inspiriert. Im Gegensatz dazu sind japanische Küchenutensilien (oft aus Ton, Holz oder Bambus) *sō*, während die in Japan hergestellten, jedoch chinesischen Originalen nachempfundenen, *gyō* sind.

Wie bereits angedeutet, gibt es eine Vielzahl von Kombinationsmöglichkeiten, die auf die verschiedenen Abstufungen der drei Stimmungen angewendet werden. Hemingway wäre vermutlich das *sō* des *gyō*, während Faulkner wahrscheinlich das *sō* des *shin* wäre. Ähnlich den neun Posituren des

Amida Buddha gibt es auch hier insgesamt neun Kombinationsmöglichkeiten.

Diese ganze ästhetische Terminologie mag uns Westlern belanglos und kleinlich erscheinen, obwohl uns bereits ein kurzer Blick in die nur etwas weniger verständlichen Seiten der Publikationen von Emily Post oder gar Martha Stewart an ganz ähnliche Konstruktionen erinnern wird. Im Grunde erfüllen normierende Formeln wie das Triptychon *shin gyō sō* dieselbe Funktion wie vergleichbare westliche Konzepte, indem sie bei der Auseinandersetzung mit einer komplizierten Kunst als eine Art Kurzschrift dienen.

Die Japaner des 15. Jahrhunderts – sowie die des 21. und aller Jahrhunderte dazwischen – hatten große Freude an derlei Regeln und Kategorisierungen. Wann immer man zusammenkam und über eine künstlerische Arbeit diskutierte, ähnelte die Atmosphäre vermutlich irgendwelchen New Yorker oder Pariser Ausstellungseröffnungen, wo man seine jüngst erworbenen Kleidungsstücke herzeigt und sich mit viel Kenner-Sprech über die Vorzüge dieses oder dessen auslässt – ob nun dieser Topf oder jene Schale oder dieses *ikebana* das *shin* des *shin* aufweist oder lediglich das *gyō* des *shin*. Dennoch, die nötige Emotion, der wahre Grund für die Party, ist uns vertraut – das Streben nach Schönheit.

Bei solchen Gelegenheiten einigt man sich auf einen Geschmacksstandard. Daher ist der gute Geschmack ein gemeinschaftlicher Befund, der rasch in eine Überzeugung übergeht. Er mag seinen Ursprung in der unbevölkerten Welt der Natur haben, wird jedoch schon bald Teil der gebührlichen Gesellschaft werden. In Japan, insbesondere ab dem 17. Jahrhundert, wurden Yoshimasas höfische Machenschaften letztlich zu denjenigen der betuchten Bevölkerung insgesamt.

Ein weit verbreiteter Ansatz war die Dichotomie, die man zwischen *ga* und *zoku* wahrnahm. Keiner der beiden Begriffe hatte im Entferntesten etwas mit der hart arbeitenden armen Bevölkerung zu tun, und beide reflektierten gesellschaftliche Belange. Wie der *bunjin*-Dichter-Maler Gion Nankai (1677–1751) erläutert hat, »ist *ga* Reinlichkeit, Schicklichkeit, Eleganz; *zoku* ist Vulgarität.«[64] Er hat uns keine Beispiele hinterlassen, doch es gibt viele überlieferte Beispiele für einen anderen ästhetischen Ansatz, der von dem Begriff *iki* abgedeckt wurde.

Wie Makoto Ueda festgestellt hat, war *iki* nicht nur ein ästhetischer Begriff, sondern repräsentierte auch ein moralisches Ideal. »Ästhetisch [verweist *iki*] auf eine urbane, schicke, bürgerliche Art der Schönheit mit Untertönen von Sinnlichkeit. Moralisch stellt er das geschmackvolle Leben eines Menschen dar, der zwar wohlhabend ist, an seinem Geld jedoch nicht hängt; der sinnliche Freuden genießt, sich jedoch niemals von körperlichen Lüsten mitreißen lässt«[65].

Shūzō Kuki, der ein ganzes Buch zu diesem Thema geschrieben hat, vermerkte, dass »die Vergiftung der sogenannten *amour passion* Stendhals dem *iki* wahrhaftig vollkommen entgegengesetzt ist.«[66] Näher habe Verlaine gelegen, der nicht nach Farben verlangte, sondern »nur nach deren Schattierungen.«[67] Zugleich fragte sich Kuki, ob die Gemälde von Constantin Guys, Degas und van Dongen – allesamt Maler einer ihm vertrauten zeitgenössischen Pariser Ästhetik – denn tatsächlich »mit Nuancen von *iki* versehen«[68] waren. Er deutet ein Nein an, doch das ist weitaus weniger bedeutend als die Tatsache, dass er diese Frage überhaupt gestellt hat.

All das ist nun vorbei. *Iki* verwandelt sich in »cool«, die Natur hat ausgedient, und »Methode« wird zu »Medien«. Daraus resultiert die Bedeutung des weiten Blicks zurück in die Geschichte und des flüchtigen Eindrucks von einer Welt, in der es uns nach Schönheit verlangte; in der die Eigenschaften der Schönheit klassifiziert werden konnten; und in der ein Wort für »Ästhetik« nicht notwendig war.

Der künstlerische Impuls wurde in Japan so sehr verinnerlicht wie in keiner anderen Kultur. Weil dem so war, wurden ästhetische Belange für derart selbstverständlich angenommen, dass sie sich mit unübertroffener Leichtigkeit und Natürlichkeit anwenden ließen. Dies zeigt sich an zwei Kunstwerken (an *den* zwei Kunstwerken) aus der Heian-Zeit: der *Geschichte vom Prinzen Genji* sowie der späteren anonymen Schriftrolle, die den Text illustriert. Der Kritiker Katō Shūichi schreibt, dass die Zeit im Roman auf dieselbe Weise dargestellt wird wie der Raum auf der Bildrolle. »Die in dem literarischen Werk dargestellte Zeit ist die Zeit der Alltagswelt – konkret, wirklich, von äußeren Einschränkungen nicht betroffen. Diese vollkommene Abwesenheit von Interesse an der Ewigkeit ermöglicht dem Roman, so feinsinnig mit dem Vergehen der Zeit umzugehen. Der Raum der Bildrolle ist der sinnliche, subtile Raum der Alltagswelt, frei von aller rational auferlegten Symmetrie. Es ist gerade ihr Mangel an allem geometrischen

Interesse, der der Bildrolle ihr unermessliches Gespür für die Raumstruktur verleiht.«[69]

Als einzige Nation, die einen solchen Pragmatismus im Umgang mit der Kunst entwickelt hatte (und die deshalb nur allzu gerne all jene »idealen« Aspekte vernachlässigt, die fast allen anderen Ästhetiken zu eigen sind), repräsentierte Japan seit seiner Öffnung das noch immer überraschende Schauspiel eines Volkes, das auf die natürlichste Weise die Kunst in eine Lebensform verwandelte hatte.

In der Edo-Zeit erreichte diese Ästhetisierung besondere Ausmaße. Erstmals wurde nun *bushidō*, der Weg des Kriegers, rationalisiert und auch kodifiziert. Als Bereitschaft, einen würdigen Tod zu sterben (eine ästhetische Entscheidung), wurde *bushidō* erstmals ausdrücklich zu einer Zeit erwähnt, als es militärisch nicht mehr notwendig war, dass auch nur ein einziger Samurai durch das Schwert starb. Die Voraussetzungen für eine voll entwickelte und gültige Ästhetik waren scheinbar die erzwungene Abschottung des Landes, ein obligatorischer Frieden und eine nahezu stagnierende Gesellschaft.

Stagnation ist jedoch längst keine Option mehr – nicht in unseren unberechenbaren Zeiten. Die Künste, die eine solche ästhetische Vorstellung

. . .

Warum gibt es sie eigentlich, diese Anomalie Japans? Katō Shūichi hat diesem Thema in seiner wissenschaftlichen Arbeit viel Aufmerksamkeit gewidmet. Seine These lautet, dass Japan sich während seiner langen Jahre der Abgeschiedenheit so sehr in sich selbst zurückgezogen hatte, dass der künstlerische Impuls, die Ästhetik, im Grunde den Platz einnahm, der der Religion in anderen Ländern gewährt wird. »Die japanische Kultur war so strukturiert, dass ihre ästhetischen Werte im Zentrum standen. Häufig galten ästhetische Fragen sogar als bedeutender als religiöse Überzeugungen, ethische Pflichten und materielle Annehmlichkeiten.«[70] In der späteren buddhistischen Bildhauerei der Heian-Zeit, so schreibt Katō, »illustrierte die Kunst nicht etwa eine Religion, sondern eine Religion, die zu einer Kunst wurde.«[71] Später, unter dem Einfluss des Zen, begann »ein Prozess der schrittweisen Auflösung dieser ursprünglich mystischen Disziplin in Dichtung, Theater, Malerei, Ästhetik des Tees,

[...] mit einem Wort: in Kunst.« Und noch etwas später: »Die Kunst im Japan der Muromachi-Zeit war nicht etwa vom Zen beeinflusst.« Vielmehr »wurde Zen zur Kunst.«[72]

. . .

verkörperten, sind nun zum Großteil fossilisiert, und die verbliebenen sind längst vulgarisiert worden. Jedes Handbuch zur japanischen Ästhetik ist heute in dieser Hinsicht ein Buch mit sieben Siegeln.

Eine Grundannahme bleibt jedoch. Der ästhetische Geschmack, genau wie Musashi Miyamotos fünf Ringe, indiziert eine Methode und noch immer so etwas wie eine Hoffnung. Obwohl es nicht unbedingt zuzutreffen scheint, gilt Jean de la Bruyères Diktum bis heute. Um uns am guten Geschmack erfreuen zu können, müssen wir für uns lediglich festlegen, was genau den gesunden Menschenverstand ausmacht.

GLOSSAR[73]

ate あて	ein Begriff aus der Heian-Zeit, der »Veredelung« bedeutet oder auch »Vornehmheit«, die auf einen höheren Status zurückgeht
aware あわれ	wird auf diejenigen Aspekte der Natur (oder des Lebens oder der Kunst) angewendet, die dem empfänglichen Menschen ein Bewusstsein für die kurzlebige Schönheit einer Welt ermöglichen, in der die stete Veränderung die einzige Konstante ist
bigaku 美学	ein japanischer Begriff moderner Prägung; entspricht »Ästhetik«
en 艶	ein Wort aus der Heian-Zeit, das eine reiche und zugleich offenkundig beschwingte Schönheit meint
fūga 風雅	»Eleganz« *(yūbi)*, »Erhabenheit« *(yūdai)*
fūryū 風流	kultiviertes Verhalten; zeigt sich auch in geschmackvollen, eleganten Gegenständen

ga 雅	»Reinlichkeit, Schicklichkeit, Eleganz« (gemäß der Definition von Gion Nankai)
hade 派手	knallig und prahlerisch, jedoch nicht übermäßig protzig
haiku 俳句	ein kurzes Gedicht, das ein verdichtetes Betrachten der Zeit und der Natur darbietet
hie 冷え	»kühle Schönheit«, auf eine Art wie *sabi*
hosomi ほそみ	»emotionales Feingefühl« sowie die Entschlossenheit, nicht einmal die größte Belanglosigkeit zu vernachlässigen, die Schönheit von einfach allem zu begreifen – ein Haiku-Begriff
iki いき	eine urbane, schicke, bürgerliche Art der Schönheit mit Untertönen von Sinnlichkeit (gemäß der Definition von Makoto Ueda)
jimi 地味	guter Geschmack in einem dezenten, schlichten Stil

jo ha kyu 序破急	ein dreiteiliges Muster aus Einleitung, Durchführung, Finale
karei 華麗	»herrliche Pracht« (gemäß der Definition von Michael Dunn)
karumi かるみ	die »Schönheit des Einfachen«, der schmucklose Ausdruck einer tiefgründigen Wahrheit – ein weiterer Haiku-Begriff
kodai 古代	antik
kurai 位	»Würde«, gar »Erhabenheit«, auf stille oder gar kalte Weise schön
miyabi 雅	Begriff aus der Heian-Zeit; die nachdrücklichste Würdigung der Schönheit, der Feinheit und Eleganz
mono no aware 物のあわれ	eine leicht süße und traurige Eigenschaft, wie sie von einem Betrachter geschätzt wird, der für das vergängliche Wesen unserer Existenz empfänglich ist; »die Traurigkeit der Dinge« (gemäß der Definition von Ivan Morris)

mujō 無常	ein buddhistischer Begriff, der »Unbeständigkeit« meint
mumon 無紋	wortwörtlich: »ohne Muster oder sonstiges Design«; wird auf unkomplizierte Weise und ohne jedes Zögern erreicht
okashi おかし	ein Begriff aus der Heian-Zeit, der ursprünglich »ansprechend« oder »charmant« bedeutete. Später begann er »amüsant« oder »geistreich« zu bedeuten
reiyō 麗容	verweist auf eine ebenmäßige und anmutige Schönheit
sabi 寂び	eine leicht triste Eigenschaft, die Alter, Zerfall und das Vergehen der Zeit andeutet
shibui 渋い	herb, trocken, verhalten
shin gyō sō 真行草	ein dreiteiliges Muster aus formellen-len, informellen sowie gemischten Stilen
soboku 素朴	»schlichte Einfachheit« (gemäß der Definition von Michael Dunn)

takedake-shi たけだけし	ein sehr alter Begriff, der eine Einheit von Stärke und Adel beschreibt; ein ästhetisches Ideal von mittelalterlichen Dichtern wie Shunzei und Teika
ten chi jin 天地人	dreiteiliges Muster aus »Himmel«, »Erde« und »Mensch« als Verkörperung verschiedener Stile, insbesondere beim Blumenarrangement
wabi 侘び	eine kultivierte Ästhetik, die Schönheit in Einfachheit und in ärmlicher Ländlichkeit entdeckt
yasashi やさし	ursprünglich »angenehm schüchtern«, später eine weiche (und feminine) Schönheit andeutend
yū 幽	ein weiterer Begriff für »anmutig« oder »fein«; wird häufig als etwas Ähnliches wie »elegant« aufgefasst

yūgen 幽玄	üppige und mysteriöse Schönheit, die heute vor allem mit dem *Nō*-Drama in Verbindung gebracht wird
zoku 俗	»Vulgarität« (gemäß der Definition von Gion Nankai)
zuihitsu 随筆	ein Essay, der sich relativ formlos entfaltet; *hitsu* bedeutet »Pinsel«, und *zui* meint »folgend« oder »verfolgend«; deshalb wörtlich: »dem Pinsel folgend«

ANMERKUNGEN

1 Alfred North Whitehead, *Dialogues*, Boston 2001, S. 225. Sofern im Folgenden nicht anders vermerkt, stammen alle Zitatübersetzungen von mir, Anm. d. Ü.

2 Teiji Itoh, »The Essence of Japanese Beauty«, in: Itoh, Ikko Tanaka, Tsune Sesoko (Hg.), *Wabi, Sabi, Suki: the Essence of Japanese Beauty*, Hiroshima 1993, S. 8–23, hier S. 8.

3 Immanuel Kant, *Werke in 12 Bänden*. Bd. 10: *Kritik der Urteilskraft*. Hg. v. Wilhelm Weischedel, Frankfurt/Main 1977, S. 142.

4 Walter W. Skeat (Hg.), *The Student's Chaucer: A Complete Edition of His Works*, London 1896, S. 82.

5 Jean de La Bruyère, *Les Caractères*, Paris 1880, S. 271.

6 Kamo no Chōmei, *Aufzeichnungen aus meiner Hütte*. Aus dem Japanischen von Nicola Liscutin, Frankfurt/Main 1997, S. 7 f.

7 Makoto Ueda, »Aesthetics«, in: *Kodansha Encyclopedia of Japan*, Bd. I: *A-Conso*, Tokyo, New York 1983, S. 18 f., hier S. 19.

8 Jun'ichirō Tanizaki, *Lob des Schattens. Entwurf einer japanischen Ästhetik*. Aus dem Japanischen von Eduard Klopfenstein, Zürich 1993, S. 33.

9 Donald Keene, »Japanese Aesthetics«, in: *Philosophy East and West* 19 (1969), Heft 3, S. 293–306, hier S. 294.

10 Ebd., S. 304.

11 Vgl. Donald Keene, *The Pleasures of Japanese Literature*, New York 1988, S. 19.

12 Vgl. ebd., S. 20. Vgl. Kenkō Yoshida, *Tsurezuregusa. Betrachtungen aus der Stille*. Aus dem Japanischen von Oscar Benl, Frankfurt/Main 1963, S. 10.

13 Vladimir Nabokov, *Franz Kafka. Die Verwandlung*, in: Ders., *Die Kunst des Lesens. Meisterwerke der europäischen Literatur*. Aus dem Englischen von Karl A. Klewer, Frankfurt/Main 1991, S. 313–352, hier S. 313.

14 Thorstein Veblen, *Theorie der feinen Leute: eine ökonomische Untersuchung der Institutionen*. Aus dem Englischen von Susanne Heintz, Frankfurt/Main 2011, S. 19.

15 Ebd., S. 65.

16 Ebd., S. 105

17 Ebd., S. 105.

18 Andrew Juniper, *Wabi Sabi: The Japanese Art of Impermanence*, Boston 2003, S. 62.

19 Vgl. Horst Hammitzsch, *Zen in der Kunst der Tee-Zeremonie*, Wien 1977, S. 68.

20 Vgl. zu diesen Abschnitten Makoto Ueda, »Fūryū«,

in: *Kodansha Encyclopedia of Japan*, Bd. II: *Const-F*, Tokyo, New York 1983, S. 347.

21 *The British Poets. Including Translations. In 100 Volumes. Vol. XX: The Poems of Waller, Vol. II., Denham, Roscommon*, Chiswick 1822, S. 10.

22 Matsuo Bashō, *Haibun*. Aus dem Japanischen von Ekkehard May, Mainz 2015, S. 205.

23 Matsuo Bashō, *Narrow Road to the Interior and Other Writings*, Boston 2015, S. 108.

24 Haruo Satō, »Discourse on Elegance (Fūryū no ron)«, in: J. Thomas Rimer, Van C. Gessel (Hg.), *The Columbia Anthology of Modern Japanese Literature. Volume I: From Restoration to Occupation, 1868–1945*, New York 2005, S. 646–658, hier S. 656.

25 Sōetsu Yanagi, *The Unknown Craftsman. A Japanese Insight into Beauty*, Tokyo, New York 1989, S. 124, 183.

26 Vgl. Makoto Ueda, »Shibui«, in: *Kodansha Encyclopedia of Japan*, Bd. VII: *Sake-Temm*, Tokyo, New York 1983, S. 85 f., hier S. 86.

27 Vgl. Itoh, »The Essence of Japanese Beauty«, S. 13 ff.

28 Vgl. *House Beautiful* 102 (1960), Ausgaben 8 und 9: »Discover Shibui: the Word for the Highest Level in Beauty« (August) bzw. »How to Be Shibui with American Things« (September).

29 Vgl. hier und im Folgenden Makoto Ueda, »Wabi«, in: *Kodansha Encyclopedia of Japan*, Bd. VIII:

Temp-Z, Tokyo, New York 1983, S. 197; Makoto Ueda, »Sabi«, ebd., Bd. VI: *Niju-Saka*, Tokyo, New York 1983, S. 361.

30 Vgl. Donald Keene, *Seeds in the Heart: Japanese Literature from Earliest Times to the Late Sixteenth Century. A History of Japanese Literature, Volume I.* New York 1999, S. 678.

31 Sen'ichi Hisamatsu, *The Vocabulary of Japanese Literary Aesthetics*, Tokyo 1963, S. 107.

32 Matsuo Bashō, *Auf schmalen Pfaden durchs Hinterland*. Aus dem Japanischen von G. S. Dombrády, Mainz 2011, S. 185.

33 Vgl. Robert Brower, Earl Miner (Hg.), *Japanese Court Poetry*, Palo Alto 1961, S. 260.

34 Robyn Griggs Lawrence, *The Wabi-Sabi House: The Japanese Art of Imperfect Beauty*, New York 2006, S. 20.

35 Vgl. Brower, Miner, *Japanese Court Poetry*, S. 261.

36 Vgl. Steven D. Carter (Hg.), *Haiku Before Haiku: From the Renga Masters to Bashō*, New York 2011, S. 51.

37 Wm. Theodore de Bary, Donald Keene, George Tanabe, Paul Varley (Hg.), *Sources of Japanese Tradition*. Volume One: From Earliest Times to 1600, New York 2001, S. 369.

38 Daisetz Suzuki, *Zen und die Kultur Japans*. Aus

dem Englischen von Otto Fischer, Reinbek bei Hamburg 1958, S. 73.

39 Ebd., S 14. Hervorhebung im Original.

40 Vgl. Ueda Makoto, *Literary and Art Theories in Japan*, Cleveland 1967, S. 92.

41 *Epigrams of Oscar Wilde*, Ware 2007, S. 120.

42 Vgl. Joris-Karl Huysmans, *Gegen den Strich.* Aus dem Französischen von Brigitta Restorf, München 2003.

43 Villiers de L'Isle-Adam, *Axël*, Paris 1838, S. 260.

44 Max Beerbohm, »1880«, in: Ders., *The Works of Max Beerbohm*, London 1896, S. 46.

45 Brower, Miner, *Japanese Court Poetry*, S. 261.

46 Vgl. hier und im Folgenden auch Makoto Ueda, »Yūgen«, in: Kodansha Encyclopedia of Japan, Bd. VIII, S. 355 f.

47 Brower, Miner, *Japanese Court Poetry*, S. 265.

48 Vgl. William LaFleur, *The Karma of Words: Buddhism and the Literary Arts in Medieval Japan*, Berkeley 1983, S. 90.

49 Howard Rheingold, *They Have a Word for It. A Lighthearted Lexicon of Untranslatable Words & Phrases*, New York 1981, S. 109.

50 Ivan Morris, *Der leuchtende Prinz. Höfisches Leben im alten Japan.* Aus dem Englischen von Ursula Gräfe, Frankfurt/Main 1988, S. 390.

51 Brower, Miner, *Japanese Court Poetry*, S. 161.

52 de Bary, Keene, Tanabe, Varley, *Sources of Japanese Tradition*, S. 197.

53 Makoto Ueda, »Mono no Aware«, in: *Kodansha Encyclopedia of Japan*, Bd. V: *Libr-Nijo*, Tokyo, New York 1983, S. 246 f., hier S. 246.

54 Michael Marra (Hg.), *The Poetics of Motoori Norinaga. A Hermeneutical Journey*, Honolulu 2007, S. 17.

55 Brower, Miner, *Japanese Court Poetry*, S. 269.

56 Ebd.

57 J. Thomas Rimer, Yamazaki Masakazu (Hg.), *On the Art of the Nō Drama. The Major Treatises of Zeami*. Princeton 1984, S. 93.

58 Ebd., S. 94.

59 Arthur Waley, *The Noh Plays of Japan*, Kawasaki 2011, S. 22.

60 David Bordwell, *Figures Traced in Light: On Cinematic Staging*, Berkeley 2005, S. 98.

61 Donald Richie, Meredith Weatherby (Hg.), *The Masters' Book of Ikebana. Background and Principles of Japanese Flower Arrangement*, Tokyo 1966, S. 50.

62 Josiah Conder, *Landscape Gardening in Japan*, Tokyo 1893, S. 132 ff.

63 Vgl. Kunio Komparu, *The Noh Theater: Principles and Perspectives*, New York 1983, S. 23 f.

64 Mitsutoshi Nakano, »The Role of Traditional Aesthetics«, in: C. Andrew Gerstle (Hg.), *18th Century Japan: Culture and Society*, Sydney 1989, S. 124–131, hier S. 127.

65 Makoto Ueda, »Iki and Sui«, in: *Kodansha Encyclopedia of Japan*, Bd. III: *G-I*, Tokyo, New York 1983, S. 267 f., hier S. 267.

66 Hiroshi Nara, *The Structure of Detachment. The Aesthetic Vision of Kuki Shūzō. With a Translation of Iki no kōzō*, Honolulu 2004, S. 23.

67 Ebd., S. 55.

68 Ebd., S. 57 f.

69 Shūichi Katō, *Form, Style, Tradition: Reflections on Japanese Art and Society*, Tokyo 1971, S. 136.

70 Ebd., S. 4.

71 Ebd.

72 Ebd., S. 5.

73 Vgl. zu diesen Begriffen auch die entsprechenden Einträge in *Kodansha Encyclopedia of Japan*.

BIBLIOGRAFIE

Addiss, Stephen, Gerald Groemer, J. Thomas Rimer (Hg.), *Traditional Japanese Arts and Culture*, Honolulu 2006.

Bary, Wm. Theodore de, Donald Keene, George Tanabe, Paul Varley (Hg.), *Sources of Japanese Tradition. Volume One: From Earliest Times to 1600*, New York 2001.

Bashō, Matsuo, *Auf schmalen Pfaden durchs Hinterland*. Aus dem Japanischen von G. S. Dombrády, Mainz 2011.

Bashō, Matsuo, *Haibun*. Aus dem Japanischen von Ekkehard May, Mainz 2015.

Bashō, Matsuo, *Narrow Road to the Interior and Other Writings*, Boston 2015.

Beerbohm, Max, »1880«, in: Ders., *The Works of Max Beerbohm*, London 1896.

Bordwell, David, *Figures Traced in Light. On Cinematic Staging*, Berkeley 2005.

The British Poets. Including Translations. In 100 Volumes. Vol. XX: The Poems of Waller, Vol. II., Denham, Roscommon, Chiswick 1822.

Brower, Robert, Earl Miner (Hg.), *Japanese Court Poetry*, Palo Alto 1961.

Carter, Steven D. (Hg.), *Haiku Before Haiku: From the Renga Masters to Bashō*, New York 2011.

Chan, Peter, *Bonsai Master Class*, New York 1988.

Chōmei, Kamo no, *Aufzeichnungen aus meiner Hütte.* Aus dem Japanischen von Nicola Liscutin, Frankfurt/Main 1997.

Conder, Josiah, *Landscape Gardening in Japan*, Tokyo 1893.

Crowley, James, Sandra Crowley, *Wabi Sabi Style*, Layton, Utah 2001.

Cudden, J. A. (Hg.), *A Dictionary of Literary Terms*, London 1977.

Deutsch, Eliot, *Studies in Comparative Aesthetics*, Honolulu 1975.

Dickie, George, Richard Sclafani, Ronald Roblin (Hg.), *Aesthetics: A Critical Anthology*, New York 1989.

Dunn, Michael, *Traditional Japanese Design: Five Tastes*, New York 2001.

Dunn, Michael, *Inspired Design: Japan Traditional Arts*, Milan 2005.

Durston, Diane, *Wabi-Sabi: The Art of Everyday Life*, New York 2006.

Fowler, Roger, *A Dictionary of Modern Critical Terms*, London 1987.
Freeland, Cynthia, *Art Theory: A Very Short Introduction*, New York 2002.

Gold, Taro, *Living Wabi-Sabi: The True Beauty of Your Life*, Kansas City 2004.

Haga, Koshiro, »The Wabi Aesthetic through the Ages«, in: Nancy G. Hume (Hg.), *Japanese Aesthetics and Culture: A Reader*, Albany 1995.
Hammitzsch, Horst, *Zen in der Kunst der Tee-Zeremonie*, Wien 1977.
Hirota, Dennis, *Wind in the Pines*, Fremont 1995.
Hisamatsu, Sen'ichi, *The Vocabulary of Japanese Literary Aesthetics*, Tokyo 1963.
Hume, Nancy G. (Hg.), *Japanese Aesthetics and Culture: A Reader*, Albany 1995.
Huysmans, Joris-Karl, *Gegen den Strich*. Aus dem Französischen von Brigitta Restorf, München 2003.

Itoh, Teiji, »The Essence of Japanese Beauty«, in: Itoh, Ikko Tanaka, Tsune Sesoko (Hg.), *Wabi, Sabi, Suki: the Essence of Japanese Beauty*, Hiroshima 1993, S. 8–23.

Izutsu, Toshihiko, Toyo Isutzu, *The Theory of Beauty in the Classical Aesthetics of Japan*, Boston 1981.

Juniper, Andrew, *Wabi Sabi: The Japanese Art of Impermanence*, Tokyo 2003.

Kant, Immanuel, *Werke in 12 Bänden*. Bd. 10: *Kritik der Urteilskraft*. Hg. v. Wilhelm Weischedel, Frankfurt/Main 1977.

Katō, Shūichi, *Form, Style, Tradition: Reflections on Japanese Art and Society*, Tokyo 1971.

Keene, Donald, »Japanese Aesthetics«, in: *Philosophy East and West* 19 (1969), Heft 3, S. 293–306, hier S. 294.

Keene, Donald, *World Within Walls. Japanese Literature of the Pre-Modern Era, 1600–1867*, London 1976.

Keene, Donald, *The Pleasures of Japanese Literature*, New York 1988.

Keene, Donald, *Seeds in the Heart: Japanese Literature from Earliest Times to the Late Sixteenth Century. A History of Japanese Literature, Volume I*, New York 1999.

Kodansha Encyclopedia of Japan, Tokyo, New York 1983.

Komparu, Kunio, *The Noh Theater: Principles and Perspectives*, New York 1983.

Koren, Leonard, *Wabi-Sabi: for Artists, Designers, Poets & Philosophers*, Berkeley 1994.

La Bruyère, Jean de, *Les Caractères*, Paris 1880.
LaFleur, William, *The Karma of Words: Buddhism and the Literary Arts in Medieval Japan*, Berkeley 1983.
Lawrence, Robyn Griggs, *The Wabi-Sabi House: The Japanese Art of Imperfect Beauty*, New York 2006.
L'Isle-Adam, Villiers de, *Axël*, Paris 1838, S. 260.

Marra, Michael, »Japanese Aesthetics: The Construction of Meaning«, in: *Philosophy East and West* 45 (1995), Heft 3, S. 367–386.
Marra, Michael (Hg.), *Modern Japanese Aesthetics: A Reader*, Honolulu 1999.
Marra, Michael (Hg.), *A History of Modern Japanese Aesthetics*, Honolulu 2001.
Marra, Michael, *Japanese Hermeneutics: Current Debates on Aesthetics and Interpretation*, Honolulu 2002.
Marra, Michael (Hg.), *Kuki Shūzō: A Philosopher's Poetry and Poetics*, Honolulu 2004.
Marra, Michael (Hg.), *The Poetics Of Motoori Norinaga: A Hermeneutical Journey*, Honolulu 2007.
Miner, Earl, *An Introduction to Japanese Court Poetry*, Palo Alto 1968.
Miner, Earl, Hiroko Odagiri, Robert E. Morrell (Hg.), *The Princeton Companion to Classical Japanese Literature*, Princeton 1985.

Morris, Ivan, *Der leuchtende Prinz. Höfisches Leben im alten Japan*. Aus dem Englischen von Ursula Gräfe, Frankfurt/Main 1988.
Murasaki Shikibu, *Die Geschichte vom Prinzen Genji*. Aus dem Japanischen von Oscar Benl, Zürich 2014.

Nabokov, Vladimir, *Franz Kafka. Die Verwandlung*, in: Ders., *Die Kunst des Lesens. Meisterwerke der europäischen Literatur*. Aus dem Englischen von Karl A. Klewer, Frankfurt/Main 1991, S. 313–352.
Nakano, Mitsutoshi, »The Role of Traditional Aesthetics«, in: C. Andrew Gerstle (Hg.), *18th Century Japan: Culture and Society*, Sydney 1989, S. 124–131.
Nara, Hiroshi, *The Structure of Detachment: The Aesthetic Vision of Kuki Shūzō. With a Translation of Iki no kōzō*, Honolulu 2004.

Odin, Steve, *Artistic Detachment in Japan and the West. Psychic Distance in Comparative Aesthetics*, Honolulu 2001.
Okakura, Kakuzō, *The Book of Tea*, New York 1906.

Pilgrim, Richard B., »Ma: A Cultural Paradigm«, in: *Chanoyu Quarterly* 46 (1986), S. 32–53.
Powell, Richard R., *Wabi-Sabi Simple*, Avon 2005.
Powell, Richard R., *Wabi-Sabi for Writers*, Avon 2006.

Railey, Jennifer, »Dependent Origination and the Dual-Nature of the Japanese Aesthetic«, in: *Asian Philosophy* 7 (1997), Heft 2, S. 123–133.
Rheingold, Howard, *They Have a Word for It. A Lighthearted Lexicon of Untranslatable Words & Phrases*, New York 1981.
Richie, Donald, Meredith Weatherby (Hg.), *The Masters' Book of Ikebana. Background and Principles of Japanese Flower Arrangement*, Tokyo 1966.
Rimer, J. Thomas, Yamazaki Masakazu (Hg.), *On the Art of the Nō Drama: The Major Treatises of Zeami*, Princeton 1984.

Saitō, Yuriko, »The Japanese Aesthetics of Imperfection and Insufficiency«, in: *Journal of Aesthetics and Art Criticism* 55 (1997), Heft 4, S. 377–385.
Satō, Haruo, »Discourse on Elegance (Fūryū no ron)«, in: J. Thomas Rimer, Van C. Gessel (Hg.), *The Columbia Anthology of Modern Japanese Literature. Volume I: From Restoration to Occupation, 1868–1945*, New York 2005, S. 646–658.
Shirane, Haruo, *Traces of Dreams: Landscape, Cultural Meaning and the Poetry of Bashō*, Palo Alto 1998.
Skeat, Walter W. (Hg.), *The Student's Chaucer: A Complete Edition of His Works*, London 1896.

Spence, Jonathan, »The Explorer Who Never Left Home: Arthur Waley«, in: *Renditions* 3 (1975), Heft 5, S. 32–37.

Suzuki, Daisetz, *Zen und die Kultur Japans*. Aus dem Englischen von Otto Fischer, Reinbek bei Hamburg 1958.

Tanizaki, Jun'ichirō, *Lob des Schattens. Entwurf einer japanischen Ästhetik*. Aus dem Japanischen von Eduard Klopfenstein, Zürich 1993.

Ueda, Makoto, *Literary and Art Theories in Japan*, Cleveland 1967.

Ueda, Makoto, »Aesthetics«, in: *Kodansha Encyclopedia of Japan*, Bd. I: *A-Conso*, Tokyo, New York 1983, S. 18 f.

Ueda, Makoto, »Fūryū«, in: *Kodansha Encyclopedia of Japan*, Bd. II: *Const-F*, Tokyo, New York 1983, S. 347.

Ueda, Makoto, »Iki and Sui«, in: *Kodansha Encyclopedia of Japan*, Bd. III: *G-I*, Tokyo, New York 1983, S. 267 f.

Ueda, Makoto, »Mono No Aware«, in: *Kodansha Encyclopedia of Japan*, Bd. V: *Libr-Nijo*, Tokyo, New York 1983, S. 246 f.

Ueda, Makoto, »Sabi«, in: *Kodansha Encyclopedia of Japan*, Bd. VI: *Niju-Saka*, Tokyo, New York 1983, S. 361.

Ueda, Makoto, »Shibui«, in: *Kodansha Encyclopedia of Japan*, Bd. VIII: *Sake-Temm*, Tokyo, New York 1983, S. 85 f.
Ueda, Makoto, »Wabi«, in: *Kodansha Encyclopedia of Japan*, Bd. VII: *Temp-Z*, Tokyo, New York 1983, S. 197.
Ueda, Makoto, »Yūgen«, in: *Kodansha Encyclopedia of Japan*, Bd. VIII : *Temp-Z*, Tokyo, New York 1983, S. 355 f.

Veblen, Thorstein, *Theorie der feinen Leute: eine ökonomische Untersuchung der Institutionen.* Aus dem Englischen von Susanne Heintz, Frankfurt/Main 2011.

Waley, Arthur, *More Translations from the Chinese*, London 1919.
Waley, Arthur, *The Noh Plays of Japan*, Kawasaki 2011.
Whitehead, Alfred North, *Dialogues*, Boston 2001
Epigrams of Oscar Wilde, Ware 2007.

Yanagi, Sōetsu, *The Unknown Craftsman. A Japanese Insight into Beauty*, Tokyo, New York 1989.
Yoshida, Kenkō, *Tsurezuregusa. Betrachtungen aus der Stille.* Aus dem Englischen von Oscar Benl, Frankfurt/Main 1963.

Der Übersetzer dankt herzlich Prof. Dr. Yūji Nawata von der Chūō-Universität in Tokio für seine großzügigen und scharfsinnigen Überlegungen und Ratschläge zur korrekten Transkription und Definition japanischer Begrifflichkeiten.

NACHWORT

Kevin Vennemann:
»Was man weder hört noch sieht.«
Donald Richie am Rande Japans.

Reyner Banham 1985: »Wir sehen uns selbst in Japan.« Banham, der britische Architekturkritiker, Weltreisende, Autor einiger bis heute prägender Texte rund um den Auf-, Unter-, und Wiederaufgang dessen, was wir als moderne Stadt verstehen, um unser Leben darin. Aus diesen Texten über das Maschinenzeitalter, über brutalistische Architektur und immer wieder über Los Angeles ist Banham uns als unzynischer, aufrichtiger Bewunderer all jenes Unschönen, Harten, Glatten, Effizienten bekannt, gegen das sich unsere europäischen Sensibilitäten instinktiv wehren. Doch wenn er über Japan spricht und schimpft, über das jüngere japanische Bauen, das er für unschön hält und für hart, glatt, für viel zu effizient – wenn der immer begeisterte Banham frustriert nun also festhält, dass wir neuerdings »uns selbst in Japan sehen«, dann erkennen wir ihn fast nicht wieder.

Verwandelt, klagt Banham, habe sich in der zweiten Hälfte des 20. Jahrhunderts die traditionelle japanische Architektur in eine bloße, banale Reflexion westlicher Stile und Abläufe: »Sie wird heute aus denselben Materialien errichtet, mit der exakt selben Organisation und Finanzierung, um denselben Zwecken in denselben urbanisierten Orten zu dienen wie die europäische und nordamerikanische Architektur.«[1] Verwehren können, trauert Banham, hätten sich seit dem mittleren 19. Jahrhundert nicht einmal die pittoresken, kostbar primitiven Idiosynkrasien des japanischen Bauens jener rasanten Modernisierung, die damals über den Westen kam, ihn bis heute im Griff hat.

Ähnlich schon Josiah Conder, der 1877 als Berater und Professor für Architektur aus England in das nun zwangsgeöffnete Japan geladen wird. 1889 fühlt er sich dann dazu berufen, seinem Tokioter Publikum apprehensiv zu erklären, dass »[v]iele von uns, wenn wir uns gezwungen sehen, unsere innersten Gefühle einzugestehen, sich schuldig bekennen müssen, einen selbstsüchtigen Wunsch zu hegen, dass Sie diesen pittoresken Typ [das traditionelle *minka*-Wohnhaus, KV] instand halten mögen – nicht

1 Reyner Banham, »The Japonization of World Architecture«, in Hiroyuki Suzuki, Banham, Katsuhiro Kobayashi (Hg.), *Contemporary Architecture of Japan 1958–1984*, New York 1985, S. 16–27, hier S. 25. Sofern im Folgenden nicht anders vermerkt, stammen alle Zitat-Übersetzungen von mir, KV.

so sehr zu Ihrem letztlich eigenen Nutzen, sondern zu unserem sinnlichen Vergnügen.«[2] Conder, Wilhelm Böckmann, Charles Sumner, William Merrell Vories, Edward Morse – Banham ist 1985 keineswegs der erste Besorgte und gar Enttäuschte. Sondern Nachkömmling gleich mehrerer Generationen westlicher Besucher, die vor Banham ein Jahrhundert lang geprägt von der massiven Repräsentations- und Herrschaftsarchitektur Europas ein Land aus Holzhütten bereist hatten; in Vorträgen, Reportagen, Reisetagebüchern und Briefen ausufernde Idealisierungen des japanischen Bauens formulierten, um in diese Bewunderung ihre existenzielle Angst um all das zu mischen, was der Westen nun für die archaische Essenz der japanischen Architektur hält, für ihre virtuose Unschuld, unergründliche Spiritualität, erhabene Rustikalität. Es zeigt sich in dieser Angst auch und vor allem die kolonialistische Sorge, dass Japan nicht auf ewig das bleiben könnte, von dem wir wollen, dass es Japan ein für alle Mal sei; dass dieses Japan im anbrechenden 20. Jahrhundert zu dem längst auf die Zukunft zuhaltenden Rest der Welt aufzu-

2 Josiah Conder, »[Address to] The Meiji Art Society (Meiji Bijutsu Kai)«, in *Japan Weekly Mail* 12 (1889), 14. Dezember 1889, S. 555 ff., hier S. 556.

schließen versuchen und dieses schwer verständliche, bislang kaum verstandene Land sich schon bald wieder verändern könnte, um unserem Verständnis dann noch weiter entzogen zu sein. Frank Lloyd Wright, Antonin Raymond, Karl With, Helmut Hentrich, Richard Neutra, Bruno Taut, viele mehr: Zur Linderung dieser Ängste akzeptiert der reisende Westler von nun an lange Zeit nur mehr ein japanisches Wohnhaus, das wie in einem Kurosawa-Film aussieht, auf einem Hiroshige-Holzdruck: moosbewachsen im steten Regen, dichter Nebel, dunkelgrünes Laubwerk rund um die hölzerne Einsiedelei, und über dem Strohdach Rauch, weil im Haus über dem Irori Tee kocht. Eine Katze und Holzsandalen vor der papiernen Tür, ein zum Lüften oder Trocknen ausgehängtes Yukata, und kein Mensch weit und breit. Allenfalls ein Pilger.

Arata Isozaki erläutert diese romantisierende Erwartungshaltung: dass der westliche Blick um 1900 seine ursprüngliche Vorliebe für die reiche und »fremde« Ornamentierung allen ostasiatischen Designs aufzugeben beginne; dass »der Schwerpunkt sich von materiellen Objekten zu den Begrifflichkeiten verlagert zu haben scheint, von denen man annimmt, dass sie der Produktion dieser Gegenstände zugrunde liegen: Einfachheit, Bescheidenheit,

Reinheit, Leichtigkeit, und *shibusa* (sophistische Enthaltsamkeit)«[3]. – Es wird also nach 1900 eine Ästhetik systematischer lexikografiert und konserviert, die den Japanern Alltag war und dem Westen mehr zu gelten begann als nur als reizender Schnickschnack. Ein Begriffskatalog entsteht, um diese Ästhetik in unsere Kategorien zu übersetzen, »unsere Unwissenheit [...] mittels bekannter Sprachen zu akklimatisieren«[4], und um letztgültig festzuhalten, *wie Japan ist*, wie es denkt, baut, auch Kunst schafft – vor allem: wie es *bleiben muss*.[5]

Entsprechend hofft Walter Gropius 1955, dass die so japanische »edle Armut« der westlichen Architektur dabei helfen möge, »vernachlässigte Werte wieder einzusetzen und unsere Augen für Erfahrungen zu öffnen, die uns in unserem Leben fehlen« – um auf diese Weise ein ganzes Land aufzufordern, um Himmels Willen doch jeden Fortschritt uns zuliebe zu vermeiden. Die Japaner können sich

3 Arata Isozaki, *Japan-ness in Architecture*, Cambridge, MA 2006, S. 4.

4 Roland Barthes, *Das Reich der Zeichen*. Aus dem Französischen von Michael Bischoff, Frankfurt/Main 1981, S. 14.

5 Auch Manfred Speidel gilt das »traditionelle« als »mein ›richtiges‹ Japan«. Vgl. dennoch Speidels insgesamt ausgewogenere Beobachtungen in »Träume vom Anderen. Japanische Architektur mit europäischen Augen gesehen – Einige Aspekte zur Rezeption zwischen 1900 und 1950«, in: *Archimaera* 1 (2008), S. 79–96, hier S. 82.

noch so sehr über ihre mitunter elenden, zumindest unangenehmen Lebensbedingungen in vormodernen *machiya* in der Stadt oder *nōka* auf dem Land beklagen. Gropius bleibt hart:

»Es wäre ein entsetzlicher Verlust für alle Menschen mit ausgeprägter künstlerischer Inklination, wenn die introspektive Form des japanischen Lebens unserem Schwelgen in materiellem Streben weichen müssen und unserer recht oberflächlichen Jagd nach Veränderung um der Veränderung willen.«[6]

Dass es sich bei all dem um Wunschträume handelt, denen weder die politische noch die künstlerische Entität Japan gerecht wurde, daran verzweifelte in den letzten Jahrzehnten seines Lebens niemand mehr als einer der besten Kenner Japans. Der vorliegende *Versuch über die japanische Ästhetik* stellt seinen letzten Versuch dar, Japan ein für alle Mal theoretisch einzufassen.

* * *

Während seiner ersten etwa 25 Jahre im Land verliert sich Donald Richie noch staunend, erkundend, gut gelaunt in Japans Wundern. Unter den Nachkriegstrümmern scheint etwas Archaisches, Heiles

6 Walter Gropius, »Architecture in Japan«, in: *Perspecta: The Yale Architectural Journal* 3 (1955), S. 8–21, 79–80, hier S. 16, 10.

und Unberührbares zu wirken, tief unten im bald vorgeschichtlich anmutenden Innern einer einfach nicht zu beirrenden Kultur, die trotz der absoluten Strenge ihrer sozialen Kodizes von allem menschlichen Bewusstsein ganz unbelangt schien. Während Glaube, Arbeit und Leben überall sonst entfetischisiert worden waren, schien hier noch alles wie verzaubert.

Lange vor Richie hatte der Westen das Auftauchen Japans auf der Weltkarte ganz anders rezipiert als die Präsenz vieler anderer Länder in der Region. Von Anfang an galten die Japaner als »manierliche Quasi-Westler«, sie »genossen offenkundig weitaus höheres Ansehen, ihnen wurde eine größere Intelligenz zugeschrieben und schon deshalb mehr Scharfsinn, weil sie in der Lage waren, ihre vorindustrielle Kultur mit industriellem Wachstum amerikanischen Typs in Einklang zu bringen. Von Japan, dem ›Großbritannien‹ Asiens, und von den Japanern, den ›Yankees des Ostens‹, erwartete man sich [...] einen belebenden Effekt auf einen ansonsten zurückgebliebenen asiatischen Kontinent.«[7]

7 Ellen P. Conant, »Japan ›Abroad‹ at the Chicago Exposition, 1893«, in: Dies. (Hg.), *Challenging Past and Present. The Metamorphosis of Nineteenth-Century Japanese Art*, Honolulu 2006, S. 254–280, hier S. 255.

Vor allem also hatte sich Japan dem westlichen Profit zugänglich zu machen, klaglos dabei zum westlichen Genuss seine vorkapitalistische Ursprünglichkeit und Naivität zu bewahren. Doch Japan wird zu einem ganz normalen kapitalistischen Land wie alle anderen auch, und selbst Richie muss erkennen, dass er umsonst gehofft hatte, in Japan nicht weniger als allem modernen Leben in eine zeitlose Fantasiewelt entkommen zu können. 1971:

»Kobe [...] deutet Japans traurige Zukunft an. Zu einer enormen, zugewucherten, unfertig aussehenden Stadt geworden, besteht Kobe aus großen neuen Hotels, die die Schreine und Tempel beiseiteschieben; aus großen neuen Banken, die die Parks und Gärten zur Seite drücken; aus großen neuen Parkplätzen, wo einst die eleganten alten Gasthäuser der Stadt standen. [...] Die Stadt ist ein Hybrid. Osten und Westen sind hier miteinander kollidiert, und die Trümmer liegen überall verstreut.«[8]

Kurz darauf über das Städtchen Kamakura, das vom 12. bis ins tumultreiche 14. Jahrhundert als Hauptstadt gedient hatte, sein berühmter Amida Buddha ist heute eine touristische Attraktion:

»Kamakura war schon immer heruntergekommen. Nun, da die Doppelreihe von Kirschbäumen,

8 Donald Richie, *The Inland Sea*, Berkeley 2016, S. 13.

die zum Hachiman-Schrein führt, von viermal so viel Verkehr begleitet wird, ist es eigentlich gar nicht so viel schlimmer als zuvor. Die hauptsächliche Veränderung ist die, dass [Kamakura], wie alle berühmten Orte in Japan, sich seiner selbst bewusst geworden ist« und begriffen hat, dass es eigentlich keinen Grund gibt, Spiritualität als Selbstzweck zu betreiben: »Es gibt viele falsche rustikale Läden, die *kamakura bori* [Kunsthandwerk, vor allem Haushaltsgegenstände, aus Lack, KV] zu inflationären Preisen verkaufen, und anscheinend hat man versucht, den ganzen Ort in eine Künstlerkolonie zu verwandeln oder zumindest in eine künstliche Kolonie.«[9] Richie, der als einer der ganz wenigen Westler jeden einzelnen Moment des japanischen Nachkriegsmodernisierungsprozesses erlebt hat; der jeden Schritt dieses spektakulären Überholmanövers wenn schon nicht mitging, so jedoch aus nächster Nähe beobachten konnte, und der es sich ein Leben lang zur Aufgabe machte, immer wieder aufs Neue zu beschreiben, wie und was dieses sich so rasant verändernde Japan nun eigentlich jeweils ist. Nicht einmal Richie, nicht einmal dieser eine größte

9 Ders., *The Japan Journals 1947–2004*, Berkeley 2005, S. 153 (24. September 1973).

Japan-Kenner kann noch anders, als enttäuscht den Kopf zu schütteln:

»Und es ist nicht nur die Verschmutzung, der Smog, das Sterben der Wälder und Ozeane [...]. Es ist die Zukunft [...], der Druck des Wohlstands und der Überbevölkerung, jener Zwillingsoger [...], die die Welt töten. Mit den viel zu vielen Menschen und den Unmengen an Geld sind auch all die Missstände gekommen, die heute Amerika, Europa, Japan gleichermaßen heimsuchen. Und während ich die Massen akzeptieren kann, die Autos, das Fernsehen, so kann ich doch das daraus entstehende Schwinden der Menschlichkeit nicht akzeptieren – die Sensationsgier, den Zynismus, die Brutalität.«[10]

* * *

Nach Tokio gelangt Richie am Silvestertag 1946 als G. I. Bis dahin war der 22-Jährige monatelang orientierungslos, ohne Zukunftspläne durch den amerikanischen Süden getrampt. Nur nicht zurück ins heimische Ohio müssen! Japan versprach, sich vom Mittleren Westen kaum noch mehr unterscheiden zu können, ein wahres Abenteuer. Zwei aufregende Jahre lang läuft Richie mit offenem Mund, uner-

10 Ders., *Inland Sea*, S. 16 f.

müdlich arbeitender Fotokamera durch und tief hinein in das seine klaffenden Wunden leckende Land. Sich unter die Einheimischen zu mischen ist den Mitgliedern der Besatzungsarmee verboten, also mischt Richie sich unter die Einheimischen, sobald er kann:

»Nach nur einem Monat wird mir klar, dass ich Gefahr laufe zu verdummen, wenn ich einfach immer nur weiter vor mich hin tippe [...]. Mein Job, von neun bis fünf in einem Büro, das sich eigentlich überall befinden könnte; mein Leben im Hotel Continental, all das Armee-Frühstücksfleisch, die Pulverkartoffeln und klumpigen Kissen; [...] gelegentliche Spezialnächte für die Besetzer, Spezialvorführungen im Kokusai Gekijo Mädchen-Tanztheater – all dies scheint mir immer weniger real zu sein. Unwirklich und unangenehm. Klein-Amerika, so sehr es auch darum bemüht sein mag, hier Demokratie und Individualismus zu vermitteln, ist doch vor allem ein Territorium, vor dem die Japaner zu Recht etwas zurückschrecken, und wo sie zu Objekten unserer Herablassung erniedrigt werden. Sie werden wie die Schwarzen im amerikanischen Süden behandelt, oder wie ›Eingeborene‹ [...]. Oder noch schlimmer. [...] Schon bald wird mir klar sein, dass ich nichts erleben, nichts lernen werde, wenn ich bei dieser bequemen und amerikanischen Herde bleibe.«[11]

Rasche Bekanntschaften und Richies lebenslanges Talent, auch als Ausländer und Besatzer ganz Japan für sich als Gesprächspartner zu interessieren, deutet sich bereits 1947 an: Frühlingsspaziergänge durch Asakusa, das uralte, jetzt zerbombte Vergnügungs-, Theater-, Tempel-Viertel der Hauptstadt, mit Asakusas literarischem Quartiersheiligen, dem späteren Nobelpreisträger Yasunari Kawabata. Sommermeditationen in Kamakura mit dem Zen-Erklärer Daisetz Suzuki. Tänze, Gelächter im Herbst mit dem Shō-Meister Ono Tadamaro. Es folgen zweieinhalb Jahrzehnte, in denen Richie alles das zu würdigen lernt, was er im Anschluss vierzig Jahre lang zu verlieren fürchtet.

* * *

Seit der Schule konnte Richie Maschine schreiben, und vor allem deshalb – reiner Zufall – beginnt er ab dem Sommer 1947 für eine englischsprachige Wochenzeitung zu arbeiten, die den stationierten US-Truppen als Informations-, als Unterhaltungsquelle ausgeteilt wird. *Far East Stars and Stripes Weekly Review*. Zu seinem journalistischen Aufgaben-

11 Ders., *Japan Journals*, S. 27 (Spätsommer 1947).

gebiet wird dann, wieder reiner Zufall, der japanische Film, der ihm und dem er den Rest seines Lebens erhalten bleibt. Noch mehr: Als Donald Richie 2013 daheim in Tokio verstirbt, wird er nicht etwa als jemand gefeiert, der in den Film nur gestolpert war – sondern als Kritiker, der »im Jahr 1959 die englischsprachige Welt mit dem Goldenen Zeitalter des japanischen Kinos vertraut« gemacht hatte und fortan als dessen »führender Experte« diente.[12]

Berichten sollte Richie in jenem Spätsommer 1947 eigentlich über das Hollywood-Kino. Stattdessen nimmt ihn der Filmkomponist Fumio Hayasaka zum Dreh eines japanischen Filmes mit:

»Auf einem aufwändigen Set mit den Straßen, Ruinen, Ladenlokalen der Nachkriegszeit – so detailliert, dass es hier kaum anders aussah als das Viertel draußen rund um das Studio – spielte ein gutaussehender junger Mann in weißem Anzug und mit zurückgegeltem Haar unter der Regie eines großen, mittelalten Mannes mit breitkrem-

12 Martin Falcker, »Donald Richie, 88, American Expert on Japan, Is Dead«, in: *New York Times* 162 (2013), 20. Februar 2013, S. B18. Angespielt wird hier auf den Band *The Japanese Film: Art and Industry*, Princeton 1959, den Richie gemeinsam mit Joseph L. Anderson verfasst hatte – die erste nicht-japanischsprachige Buchpublikation zum japanischen Film.

pigem Hut. Während einer Pause stellte Hayasaka mich vor. Im Anschluss an unsere stockende Unterhaltung gingen sie zurück an die Arbeit. Ich sprach damals kein Japanisch, und außer Hayasaka sprachen sie kein Englisch. Ich sah zu und fragte mich, wer die Männer waren und wovon der Film handelte. Der junge Mann im weißen Anzug war Toshirō Mifune, der große Mann mit dem Hut war [Akira] Kurosawa, der nun erstmals mit dem jungen Schauspieler zusammenarbeitete, und der Film war *Engel der Verlorenen.*«[13]

Engel der Verlorenen, dessen rauflustiger, trinkwütiger Realismus sich unsentimental rund um einen Yakuza windet, der einen nur halbherzigen Kampf gegen die durch das Nachkriegs-Tokio treibende Tuberkulose kämpft. Zur noch größeren Herausforderung als TBC wird dem stolzen Gangster ein saufender Arzt und dessen sture Entschlossenheit, den Schwindsüchtigen zur Heilung zu zwingen. Zudem der schwindende Respekt seiner Kontrahenten. Hier geht gar nichts gut aus.

Mifune und Kurosawa sollten noch fünfzehn weitere Filme miteinander drehen, der Höhepunkt dieser Zusammenarbeit ist 1950 natürlich *Rashomon.*

13 Donald Richie, *Japanese Portraits: Pictures of Different People*, Tokyo 2005, S. 62.

Oder 1954 *Die sieben Samurai*, 1958 *Die verborgene Festung*, 1961 *Yojimbo*. In seinen autobiografischen Schriften erinnert Richie sich und uns verschiedentlich an diese Episode. Man könnte denken, dass er sich über seine rein zufällige Anwesenheit am Set als Zeuge in den historischen Ursprungsraum des japanischen Nachkriegskinos einzuschreiben versucht – in einen Moment, in dem Kurosawa die vielleicht zentrale Rolle dieses Kinos zu spielen beginnt und Mifune an seiner ersten Großleistung arbeitet.[14] Stattdessen: Wann immer Richie in den folgenden sieben Jahrzehnten *Engel der Verlorenen* erneut sieht, von dem er am Set zunächst weder Regisseur noch Titel oder Hauptdarsteller kannte, »blicke ich zum rechten Rand des Bildschirms – da bin ich, nur ein paar Fuß entfernt vom Rand, inzwischen 24 Jahre alt, mit offenem Mund sehe ich dabei zu, wie ein Film gedreht wird.«[15] Dort sieht er sich dann also: im Off eines Filmes, der die Unmittelbarkeit seines so realistischen Sets längst transzendiert hat und historisches Dokument einer Zeit und Ruinenstadt wird,

14 Vgl. Arturo Silva (Hg.), *The Donald Richie Reader*, Berkeley 2001, S. 102–105.
15 Donald Richie, »The Japanese Film: A Personal View, 1947–1995«, in: *Asian Cinema* 7 (1995), Heft 2, S. 3–17, hier S. 6.

die heute niemandem mehr nachvollziehbar ist.[16] Deleuze hat über diese sichtlich unsichtbare Position gleich außerhalb des Filmes nachgedacht: »Das Off verweist auf das, was man weder hört noch sieht und was trotzdem völlig gegenwärtig ist.«[17] Dort sieht Richie sich also, im Off, aber sieht sich natürlich nicht.

Kurosawa und Richie werden Freunde, der Regisseur schreibt 1959 das Vorwort für Richies mitverfasste Studie des japanischen Filmes. Jahrzehntelang kreuzen sich hier und dort ihre Wege, hält der eine für den anderen eine Laudatio, und im September 1998 befragt die Tageszeitung telefonisch den einen zum Tode des anderen. Richie: »Nachdem ich aufgehängt hatte, denke ich an ihn, wie er daliegt, in seinem Haus. Dieser große Körper mit den schweren Knochen und großen Händen, den ich nie auch nur ein einziges Mal ruhend gesehen habe, ist jetzt bewegungslos.«[18]

16 Vgl. Richies Ausführungen zur außerordentlich realistischen Ausstattung des Filmes als auch zu Mifunes darstellerischer Leistung: Donald Richie, *A Hundred Years of Japanese Film*, Tokyo 2005, S. 168 ff.

17 Gilles Deleuze, *Das Bewegungs-Bild. Kino 1*. Aus dem Französischen von Ulrich Christians und Ulrike Bokelmann, Frankfurt/Main 1997, S. 32.

18 Richie, *Japan Journals*, S. 423 (6. September 1998).

Seit seinem Set-Besuch schreibt Richie viele Jahre lang für die Tageszeitung *Japan Times* über Film und Literatur. Er verfasst mehrere grundlegende Studien, dreht selbst auch kurze Experimentalfilme, befreundet sich lebenslang mit dem Regisseur Nagasi Ōshima, auch mit Kashiko Kawakita, der mächtigsten Frau im japanischen Film; kuratiert in den 70ern fünf Jahre lang das Filmprogramm des *Museum of Modern Art* in New York und wird dann, zurück in Tokio, regelmäßig als lokale Persönlichkeit um Stellungnahmen zum Tode dieses oder jenes Schauspielers, Produzenten, Regisseurs gebeten, zu diesem oder jenem Film, zu einem Skandal hier, einer Neuigkeit dort, zu Japan, zur Welt. – Als Kritiker und Autor über Film, als heimischer Dauergast rückte er ganz allmählich von außerhalb des Bildrandes mitten hinein in das Gemälde der japanischen Gesellschaft. Die Buchausgabe seiner Tagebücher reproduziert eine Reihe von Gruppenportraits: Richie auf Partys, Hochzeiten, Versammlungen, auf Beerdigungen als einziger Nicht-Japaner. Obwohl er seit 1947 aus dem Off heraus und über den Rahmen hinweg tief hinein ins Bild gerückt ist, dort natürlich schon physiognomisch auffällt, entdecken wir ihn im Gesichtergewühl oftmals erst auf einen zweiten oder dritten Blick und könnten ihn dann, einmal entdeckt, nie wieder nicht sehen. Deleuze, abschließend: »Zum einen bezeichnet das Off das, was woanders, nebenan oder im Umfeld, existiert; zum andern [...] ein radikaleres Anderswo, außerhalb des homogenen Raums und der homogenen Zeit.«[19] – Ein drittes Off, irgendwo zwischen diesen beiden Möglichkeiten, wird tief im Innern Japans vom dort ewig abwesenden Richie bewohnt. Als Japan sich spätestens ab den 80er-Jahren mit immer noch größerer Wucht in eine immer noch schneller heranrasende Zukunft wirft:

»Ich bin in Japan zuhause, gerade weil ich hier ein fremder Körper bin. Dort drüben gehöre ich nicht länger hin, und hierhin werde ich niemals gehören können – damit ist meine vollkommen zufriedenstellende Lage umschrieben. Man muss gar nicht irgendwohin gehören müssen. [...] Ich bin kein Japaner und deshalb keinem einzigen all dieser engstirnigen japanischen Gebräuche verpflichtet. Niemand erwartet von mir, dass ich mich anpasse, ganz im Gegenteil: Man ermuntert mich gar dazu, mich nicht anzupassen. Ich würde

19 Deleuze, *Das Bewegungs-Bild*, S. 34.

hier nicht bleiben, nicht einmal für fünf Minuten, wenn ich Japaner wäre.«[20]

* * *

Zwei Jahre, von 1947 bis 1949, verbringt Richie als G. I. der Besatzungsmacht auf Entdeckungsreise durch Tokio. Begleitet wird er dabei von anderen Stationierten wie seinen Zimmernachbarn, den späteren Japanologen Herschel Webb und Eugene Langston, die ebenfalls in den USA kaum ein Leben gehabt hatten, als niemals heimische Kuriositäten in Japan immerhin eine Identität. 1949 zieht Richie nach New York, um sein Anglistik-Studium zu absolvieren, und nach Tokio kehrt er im Anschluss schon deshalb zurück, weil es in den USA noch immer illegal ist, homosexuell zu sein – in Japan bereits seit 1880 nicht mehr. Ab 1953 arbeitet er als Journalist, Übersetzer, Herausgeber, Untertitler für das Kino, er veröffentlicht ein Gesamtwerk aus über vierzig Büchern und ungezählten Essays, Artikeln, Aufsätzen und dient als Ansprechpartner neugieriger Besucher aus aller Welt: Stephen Spender, Anthony Thwaite, Alberto Moravia, Igor Strawinsky, Truman Capote, Rudolf Arnheim, Susan Sontag mehrmals,

20 Richie, *Japan Journals*, S. 275 (21. März 1992); S. 247 (8. Juni 1990).

Marguerite Yourcenar, Sophia und Francis Ford Coppola regelmäßig, Tom Wolfe, Richard Avedon, Jim Jarmusch, Lincoln Kirstein, Moshe Dayan, John Ashbery, Jonathan Rauch, Paul Schrader, so viele mehr. 1971: »Alle, die nach Japan kommen, fliehen auf eine Art bereits vor dem Schlimmsten – wie man an anderen Ländern sehen kann, vor allem an Amerika«[21], und wer weiß, womöglich wiegt ab den frühen 70ern Richies Enttäuschung auch deshalb so schwer, weil er ähnlich wie Banham, Conder, Gropius sein archaisches Japanbild mit eben jener Erlösungshoffnung aufgeladen hatte, der das moderne Japan nie gerecht wurde: »[I]ch lebe nun seit einem Vierteljahrhundert in Japan und habe dabei zugesehen, wie die Zerstörung sich immer weiter ausbreitet«[22].

* * *

Der vorliegende *Versuch über die japanische Ästhetik*, im englischsprachigen Original 2007 erschienen, ist Richies letzter, konzentriertester und didaktischster Katalogisierungsversuch all dessen, was er in sieben Jahrzehnten durch Erfahrungen und deren Beschreibung zu begreifen versucht hatte, nicht

21 Ders., *Inland Sea*, S. 16 f.

22 Ebd.

durch Schematisierungen. Seinem Text behauptet er, den Anstrich traditioneller japanischer Formlosigkeit gegeben zu haben. Die Genre-inhärente Dogmatik unterstreicht jedoch Richies Bemühen, hier, gegen Ende seines Lebens, so etwas wie ein japanisches Wesen, das so viele Jahrzehnte abweisend und überaus schwer zu fassen gewesen war, nun doch noch einmal in lexikografische Definitionen zu zwingen. Verschiedene Elemente des *Versuchs*, einige Gedanken und insbesondere der Versuch, sich selbst und auch uns mithilfe westlicher Analogien an das japanische Denken zu »akklimatisieren«, scheinen Richie viele Jahre, gar Jahrzehnte verfolgt zu haben. Einige Beispiele: Eine Wordsworth-Referenz im *Versuch* geht auf seine erste Begegnung mit Daisetz Suzuki im Jahr 1947 zurück, der in Kamakura kaum weniger isoliert lebte als Henry David Thoreau in eben jenem Suzuki-Zitat, das Richie später im *Versuch* verwenden sollte.[23] Im englischen Original des *Versuchs* irrt sich Richie, als er eine Phrase zitiert, die er bei Thorstein Veblen gelesen haben will. Schon 1989 findet sich diese irrtümliche Erinnerung in seinen Tagebüchern, obwohl sie damals noch nicht zur

23 Vgl. Richie, *Japan Journals*, S. 14 ff. (Frühsommer 1947).

Gewissheit gereift war: »War es Veblen, der gesagt hatte, dass …?«[24]

Teile des Vorworts schließlich und auch die Motivation des Textes gehen auf Tagebucheinträge des Jahres 1990 zurück, die wiederum ihren Ursprung in den 60er-Jahren finden, in der dortigen Freundschaft mit dem Schriftsteller Yukio Mishima, Japans größtem, kontroversem Nachkriegsmodernisten. Ab Mitte der 80er-Jahre werden Richies Tagebucheinträge ausführlicher; aufgrund der Entwicklungen im Land auch ungehaltener, ungeduldiger: »[E]inst eines der schönsten Länder, ist Japan heute eines der hässlichsten. […] Ich sage, das Problem ist generell, dass Japan nicht mehr der Dritten Welt angehört, sondern der Ersten.«[25] In diesen Jahren viele verdrossene Gespräche mit anderen Gestrandeten, den Übersetzern, Journalisten Edward Seidensticker, Karel von Wolferen, Alex Kerr zum Beispiel. Unablässig kreist man um den gemeinsamen Zorn auf ein Land, das Gropius' Hoffen und Warnen ignoriert hatte und in ein neues Selbst hinein-

24 Ebd., S. 240 (30. Dezember 1989). Spätestens 2003 glaubt er sich in einem anderen Text dann richtig zu erinnern. Vgl. Donald Richie, *The Image Factory: Fads and Fashions in Japan*, London 2003, S. 16.

25 Richie, *Japan Journals*, S. 370 f. (9. April 1996).

gewachsen war, ohne sie mitgenommen zu haben – vier Ausländer, die ihr intellektuelles Leben und noch viel mehr ganz umsonst dem Verständnis einer unerbittlich unnahbaren Nation gewidmet hatten, die keinen wirklichen Bedarf für sie hatte. In diesen Jahren sind manche der häufig einsamen, bitteren Tagebucheinträge kaum akzeptabel:

»Nein, Japan hat sich verändert. Das, von dem ich gedacht hatte, dass es nie verschwinden würde [...], ist fort, wird niemals wiederkommen. [...] Der Grund ist, dass die generelle Einstellung gegenüber mir, gegenüber allen Ausländern, sich verändert hat. Das ist deshalb so, weil wir nicht mehr gebraucht werden. [...] Wir sind normal geworden. Und weil Japan jetzt reich ist und die anderen Länder nicht mehr, müssen sie uns nicht länger imitieren. Ich rede davon, dass ich dem Imperialismus nachtrauere, ich weiß. Ich sollte jubeln, dass Japan ihm nicht länger ausgesetzt ist, aber das will ich nicht.«[26]

Gejubelt hätte wohl durchaus der Freund Mishima, wäre er nicht davon überzeugt gewesen, dass sich der westliche Griff nach Japan im Anschluss an die offizielle Besatzungszeit kein bisschen

26 Ebd., S. 211 (1. Oktober 1988).

gelockert hatte. Richie und Mishima, dessen paramilitärischer Putschversuch und spektakulärer Ritualselbstmord die Erinnerung an sein künstlerisches Werk bis heute zumindest im Westen überschatten, hatten sich 1952 in New York durch den gemeinsamen Freund Meredith Weatherby kennengelernt, Mishimas Übersetzer. Zurück in Tokio durchstreifen sie die Kasinos, Bordelle, Straßenstrichs der Stadt und verbringen die 60er-Jahre beim gemeinsamen Training in Box-Clubs und Fitnessstudios. Trotz dieser Nähe: »Ich wusste, ich war nur ein Darsteller in dem Drama, das Mishimas Leben war, und nicht einmal einer der führenden …«[27], viel weniger: Auf vielen der berühmten Fotos, für die Mishima mit Schwert und muskelbepacktem nacktem Oberkörper im Schnee posiert hatte oder im Boxring, behauptet Richie, gleich außerhalb des Rahmens unsichtbar in respektvoller Bewunderung anwesend zu sein – obwohl nicht einmal er selbst sich nach Mishimas Tod dort noch sieht. Allein bleibt ihm die Erinnerung daran, dass er aus der körperlichen Nähe zu Mishima, die sich zu dessen Lebzeiten nicht ins Bildinnere hinein überwinden ließ, schon ganz

27 Ebd., S. 152 (Winter 1970).

früh etwas im Freund gesehen haben mag, das ihn letztlich daran hinderte, allzu überrascht über seinen Tod zu sein.[28]

Mishima, der »wahre Romantiker, der die Dinge, wie sie sind, mit dem vergleicht, wie sie sein sollten, und dann die Charakterstärke besitzt, nach denjenigen Standards zu leben, die er für die besten hält.«[29] Mishima, der in den 60ern immer wieder die spirituelle Ödnis eines modernen Japan unter westlich-materialistischem Einfluss attackiert und die vermeintliche Emaskulation des japanischen Nationalcharakters. Gehasst habe er – zumindest in Richies kursorischer Darstellung – die neuerdings »rationalisierenden, pragmatischen, versöhnlichen Weisen« Japans, dessen strenger Vorkriegspatriotismus unter der militärischen, dann kulturellen Besatzung des Westens »weg, verschwunden, verloren gegangen«[30] sei. In diesem Japan, Mishima sieht sich dort selbst nicht mehr.

Den Grundgedanken dieser Kritik entdecken wir in Richies erwähntem Tagebucheintrag von 1990 wieder. Auch wenn er eingesteht, dass es durchaus Wichtigeres im Leben gebe als das »symbolische

28 Vgl. ebd., S. 150 (Winter 1970).
29 Ebd., S. 151 (Winter 1970).
30 Ebd., S. 150 (Winter 1970).

Denken, logische Fortschreiten der Argumentation [und die] abstrakten Ideen«[31] der westlichen Philosophie, so beschreibt er die vermeintliche Unempfänglichkeit Japans für solches Denken doch als eindeutigen Mangel. Besonders fällt an diesem Eintrag auf, dass Richie das japanische Denken trotz allem als noch nicht vollends verwestlicht und durchrationalisiert beschreibt – die japanische Ästhetik und Gesellschaft sind hier, genau wie auch später im *Versuch*, ganz bei sich, unberührt. Eben jene ihrer traditionellen Werte gelten hier nach wie vor, die Richie selbst – Mishima sowieso – als längst verloren dargestellt hatte. Zu Beginn des *Versuchs* taucht dieser Eintrag wieder auf:

»Wenn wir über traditionelle asiatische Ästhetik schreiben, drängen die Konventionen unseres westlichen Diskurses – Gliederung, logisches Fortschreiten der Argumentation, Symmetrie – dem Thema etwas auf, das ihm nicht eigen ist. Die Ästhetik des Ostens geht nämlich davon aus, dass jede gegliederte Struktur forciert, dass eine logische Erörterung verfälscht und dass lineare, konsekutive Argumente nur einschränken.«[32]

31 Ebd., S. 251 (8. Juli 1990).
32 S. 11 im vorliegenden Band.

Mit dem *Versuch* beschließt Richie sein Gesamtwerk mit einer großen finalen Geste, die das Wissen eines ganzen Lebens zu einer verbindlichen ästhetischen Theorie zusammenzuführen sucht. Ganz anders Mishima. Auch wenn er im Grunde ja dasselbe will wie Richie, Conder, Gropius, Banham, alle anderen, hätte sich der Lösungsansatz des immer fotogenen Freundes von demjenigen Richies kaum noch deutlicher unterscheiden können: Mit emporgereckter Faust, ausgestrecktem Arm, steht er im November 1970 auf dem Balkon im Hauptquartier der japanischen Streitkräfte, um erfolglos die versammelten Soldaten zum restaurativen Putsch anzustacheln. Minuten später lässt der Enttäuschte sich von einem Akolythen enthaupten.

* * *

»Wir sehen uns selbst in Japan.« – Anders als Richie konnte es Reyner Banham gar nicht darum gehen, an der unmittelbarsten Reflexion unserer und seiner selbst vorbei und tiefer hinein in dieses Japan zu schauen. Richie tat dies ein Leben lang und schien irgendwo dort unten tatsächlich sich selbst entdeckt zu haben – als jemanden, der sich selbst dazu verdammt hatte, ein Leben lang Japan zu beobachten und dieses Japan in all seinen Facetten zu beschreiben: »Ich blicke auf mich selbst. In Japan habe ich mein Leben in einem Zustand des absoluten Bewusstseins gelebt. Ich betrachte alles, halte es fest, und häufig beurteile ich es.«[33] Dieses Alles: Ikebana, Spaziergänge, Nō, Kyogen, Tattoos, Kitsch, Mangas, japanische Erotik, Züge, Trendphänomene, Popkultur, mittelalterliche Poesie, Tempel, Zen, Kochkunst, die Yakuza, Fotografie und Benzaiten – die Gottheit der Künste, der Musik. Japanisches Kunsthandwerk, Tee, Tokios Punk- und Hip Hop-Szenen, Bonsai, Kampfkünste, Drag Queens, allgemeine Verhaltens- und Umgangsformen – auch Architektur. So vieles mehr.[34]

Bevor er all dies Gesehene und Beurteilte abschließend zu dieser Essenz konsolidiert, wurde Richie über die Jahrzehnte hinweg immer wieder schmerzlich daran erinnert, dass er sich selbst in seinem Bemühen, Japan aus all diesen Richtungen zu beobachten, aus dem Blick zu verlieren droht:

»Ich bin ein Romancier, der nur wenige Romane schreibt, ein Kritiker, der nicht einmal sich selbst

33 Ebd., S. 383 (20. August 1996).

34 Viele der entsprechenden Texte zu diesen und anderen Themen finden sich u. a. in Donald Richie, *A Lateral View. Essays on Culture and Style in Contemporary Japan*, Berkeley 1992.

kritisieren kann, ein Ehemann, der lieber mit Männern schläft. Und dennoch, eigentlich hatten doch all die ungeschriebenen Romane erscheinen, meine Kritik einschlagen und meine Ehe mich retten sollen. Aber nein, ganz im Gegenteil.«[35]

35 Richie, *Japan Journals*, S. 139 (23. Dezember 1964).

Zweite Auflage Berlin 2023

Großbeerenstr. 57A, 10965 Berlin
info@matthes-seitz-berlin.de

Gestaltung und Satz: Laura Fronterré, Bielefeld
Druck und Bindung: Pustet, Regensburg
Printed in Germany

ISBN 978-3-95757-560-9
www.matthes-seitz-berlin.de

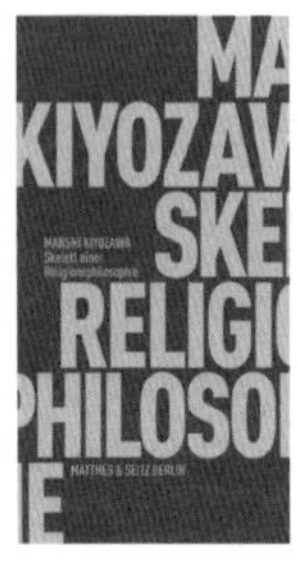

Manshi Kiyozawa
Skelett einer Religionsphilosophie
Übersetzt von Dora Fischer-Barnicol

224 Seiten
Klappenbroschur

Manshi Kiyozawa, einer der wichtigsten Vertreter des modernen japanischen Buddhismus und Wegbereiter der modernen japanischen Religionsphilosophie, bemühte sich, den Buddhismus in Japan aus den Verkrustungen der Tradition zu befreien, und plädierte für die Rückkehr zu den buddhistischen Quellen. Im Mittelpunkt seiner Überlegungen steht »das religiöse Experiment mit sich selbst«. Kurz vor seinem frühen Tod wurde er der erste Präsident der neugegründeten Shinshū-Universität (heute Ōtani University). Seinen Reformbemühungen war zu Lebzeiten kein Erfolg beschieden. Der Einfluss seines Denkens ist in Japan jedoch ungebrochen und kommt nun der im Westen gerade anstehenden Auseinandersetzung mit dem religiösen Denken Japans zugute.

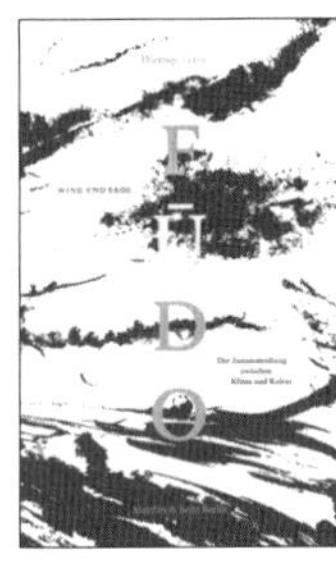

Tetsurō Watsuji

Fūdo – Wind und Erde

Übersetzt von Dora Fischer-Barnicol und Ryogi Okochi

272 Seiten

gebunden mit Schutzumschlag

Tetsurō Watsuji zählt zu den herausragenden Philosophen Japans. Schon früh widmete er sich Fragen des Klimas und schrieb 1935 seinen wegweisenden Essay über den Zusammenhang zwischen Klima und Kultur, der heute, vor dem Hintergrund des Klimawandels und den theoretischen Prämissen des Anthropozäns, neu gelesen werden muss. Watsuji entwickelt darin eine eigenwillige, asiatische Charakterologie des Klimas und erinnert daran, dass Klima mehr ist als Temperatur- und Niederschlagswerte: ein wesentlicher Faktor des Seins in der Welt.